LE TRESPAS DE LA PESTE.

Par

GABRIEL CLEMENT NATIF DE NANTES

en Bretagne, Conseiller & Medecin
ordinaire du Roy.

Virtuti tandem cedit fortuna potenti :
Virtus & assiduo parta labore venit.

A PARIS,

Chez Ieremie & Christophle Perier,
à la grand' Salle du Palais, proche
les Consultations.

M. DC. XXVI.

A MONSEIGNEVR,

MONSEIGNEVR LE DVC de Retz & de Beaupreau, Pair de France, Marquis de Belle-Isle, Comte de Chemillé, Baron de Mortagne, Cheualier des Ordres du Roy, Capitaine de cent hommes d'armes des ordonnances de sa Majesté, &c.

ONSEIGNEVR,

Puis qu'il a pleu à vostre Grandeur me cõmettre le soin de sa santé, & que i'ay voüé ma vie à là conseruation de celle du public, pre-

ã

uoyant que les influences des deux Eclipses du Soleil, & celle de la Lune, qui
cest an paroistront tant dessus que dessous nostre Hemisphere, pourront re-
nouueller (ce que Dieu ne vueille per-
mettre) l'infection des aëriennes pesti-
lences, que les froidures hyuernales ont
arrestees. J'ay mis en lumiere ce qu'autrement auec soin & cherement conser-
ué en mon estude, c'est la composition
de certains remedes separez de toutes
leurs superfluitez excrementeuses, &
doüez de double action: L'vne de penetrer promptement iusqu'au centre du
mal, l'autre de conseruer celuy de la vie
en la dilatant & ramenant par tout le
corps; ce qui est à souhaiter en tous me-
dicamens : car tout ainsi que les Cieux
sont exempts d'immondices, & que la
vie est de celeste nature; aussi faut-il
necessairement que ce qui est employé à
sa conseruation luy soit semblable; c'est à
dire de pure sustance, nullement em-

Broüillee d'elementaire corruption. Ainsi
disent les Philosophes, Simile addi-
tum suo simili, idipsum reddit
magis simile. L'exemple en est fami-
lier aux aliments, desquels la nature humaine separe le pur de l'impur, pour de
cestuy-là maintenir nostre vie, adiou-
stant vie à vie, & reietter cestuy-cy
comme fœculent & contraire à la vie:
Car si ceste separation ne se fait par le
benefice de nostre chaleur natiue, ainsi
qu'il est requis, alors plusieurs maladies
suruiennent; lesquelles engendrees par
l'abondance, corruption, ou inflammation de tels excrements, ne peuuent facilement estre gueries par des remedes qui
en sont pleins: La raison est, parce que
leur fœculente crassitie retient leur vertu viuifiante comme emprisonnee, &
l'empesche de penetrer iusques au centre
du mal, & de sa cause, ce qu'ils font
apres que l'art les a purifiez, & rendus
de nature celeste par la separation de

toutes leurs superfluitez. Mais d'autant qu'en tout corps soit-il mineral, vegetal, ou animal, il y a beaucoup plus de telle matiere corruptible & mortelle, que de celeste & vitale substance ; aussi la multitude des esprits voilez des tenebres d'ignorance surmonte de beaucoup les autres. C'est pourquoy ie ne doute point que la description de tels remedes arriuant à la veuë des hommes ne soit censuree de plusieurs ignorans ; ce qui neantmoins me sera indifferent, pourueu qu'ils soient tant seulement agreez de vous à qui ie les consacre comme à leur Dieu Tutelaire ; sur les Autels duquel i'appends les premices de mes labeurs, auec la deuotion, & le respect que doit à vostre Grandeur,

MONSEIGNEVR,

Vostre tres-humble,tres-obeïssant,
& tres-fidelle seruiteur,
CLEMENT.

ADVIS AV LECTEVR.

A M y Lecteur, tu sçais que l'homme est composé des deux plus
nobles parties de l'Vniuers, attendu
que son ame est toute diuine, seule capable de raison, & que son corps est
fait d'vn artifice qui surpasse en beauté tout autre, comme ayant premierement esté formé de la main du Tout-
puissant, & à son parfaict exemplaire:
neantmoins il est plus sujet aux maladies que nul autre animal, dõt les vnes
occupent l'esprit, les autres le corps:
entre toutes lesquelles la Peste tient
le premier rang comme la plus pernicieuse, puis qu'infectant le corps d'vn
inuisible venin, en mesme temps aussi
elle iette bien souuent l'ame hors de
son siege, & la priue de raison. Ces cõ-
siderations m'ont conuié à te donner
deux sortes de remedes: Dans la Pratique de cet Opuscule tu trouueras
ceux qui sont propres contre la Peste
prouenuë des corruptions de l'air, &
dans la Theorie tu verras vn antidote
contre certaine contagion causee par

vne nouuelle opinion, plus dãgereuſe
que celle qui prouient de la maligne
influence des Aſtres; d'autãt que s'ef-
forçãt de deſtruire vne veritable cauſe de la Peſte, elle vouloit faire naiſtre
vn effect tres-dãgereux, & directemẽt
contraire à l'œconomie que Dieu a
eſtablie dans l'ordre de la creation de
l'Vniuers; dés inſtant de laquelle les
corps ſuperieurs ont çà bas influé
leurs celeſtes puiſſances. Neãtmoins
quelque Autheur mal inſtruit és
meilleures parties de Philoſophie, a
eſcrit que ce ſont des chymeres &
phantaiſies imaginaires. En quoy il a
publiquemẽt monſtré qu'il ignoroit
la cauſe de la maladie dont il a voulu
eſcrire. Ce que tu verras clairement ſi
tu n'es tout à fait aueugle dans les my-
ſteres de la Nature , & par meſme
moyen tu cognoiſtras qu'il attribuë
aux Aſtres les meubles de ſa teſte; ſi
bien que fauoriſant mon party tu ne
me blaſmeras point d'auoir conuain-
cu ſon erreur, puis qu'elle eſtoit de ſi
grande importance: car la cauſe d'v-
ne maladie eſtant incogneuë au Medecin , il luy eſt impoſſible d'ordõner
iudicieuſement le remede ſalutaire.

A Monſieur Clement Conſeiller
& Medecin ordinaire du Roy.

SONNET.

LE Peintre qui oſa portraire ton image
    A conduit ſon pinceau vn peu trop dou-
cement,
Il deuoit faire voir que veritablement
D'vn Hercule tu as la force & le courage.

    S'il euſt encore eſté guidé d'vn art plus ſage,
Il nous deuoit monſtrer que tu as dignement
Le ſçauoir, les effects, l'air, & l'entendement
D'Hyppocrate, & d'vn Dieu immortel le vi-
ſage.

    Car ne voyons-nous pas que tes doctes eſ-
crits
Sont l'object & le but des plus diuins eſprits,
Qui ſuiuront tes labeurs comme d'autres Al-
cides :

    Mais peu ſçauront vnir cōme toy les lions
Qui ſont illuminez des celeſtes rayons
Du Soleil qui reluiſt deſſus les Heſperides.

M⁰ CERTEIN Docteur en la Faculté
de Paris.

Autheurs citez en cest Opuscule.

SAinct Paul	Pline
S. Luc	Aulugelle
S. Matthieu	Robert Constantin
S. Augustin	Le College de Conimbre
S. Hierosme	
S. Damascene	Virgile
S. Thomas	Ouide
S. Gregoire	Horace
S. Denys	Lucrece
Le Prophete Hieremie	Manilius
Le Prophete Ezechiel	Plaute
Iob	Nuysemen
Dauid	Hyppocrate
Le Cardinal Tolet	Galien
Delrio	Acron
Ptolemee	Arnaut de Villeneufue
Iulius Firmicus	
Coperuic	Fernel
Suidas	Riolant
Platon	La Framboisiere
Aristote	Quercetanus
Diogenes Laërtien	Paracelse
Ciceron	Harmanus
Seneque	Crollius
Plutarque	Penot
Soran	Taxil
Oribaze	Monginot.

A MONSIEVR CLEMENT,
Conseiller & Medecin ordinaire du Roy.

SONNET.

Lors que tu nous dépeins de la Peste l'es-
  sence,
Ses causes, sõ pouuoir, & ses dards inhumains,
Décochez dans les airs pour tuer les humains,
Alors tu nous fais voir ta celeste science.

Quand tu ioints la raison auec l'experience
Des remedes diuins que tes expertes mains
Ont voulu composer pour le bien des humains,
Tu rends perpetuel le iour de ta naissance.

Car donnant au public ces remedes parfaits,
Tes escrits ne pourront iamais estre deffaits,
Et tu viuras autant que viura la Nature.

Tu t'es donc colloqué au rãg des immortels,
Burinant sur l'esmail de leurs diuins Autels
La gloire de ton nom, d'eternelle figure.

F. GVYRAVD Medecin.

Le mesme à l'Autheur.

SONNET.

Qvand d'vn cœur genereux tu defends ta
    patrie
Des violens assauts de l'air contagieux,
Lors d'vn sublime vol tu m'ôte dans les Cieux
Eternisant çà bas la gloire de ta vie.

La Peste qui nous bat de mortelle furie
Cede à ton grand sçauoir, si bien que glorieux
Sur ses puissants effects tu es victorieux
Surmontant le venin de ceste maladie.

Tu descouure au public son ennemy mortel
Et tu luy donne aussi vn remede immortel,
Pour dompter promptement sa forte violence:

Car (Sage) tu côioints nostre Lune au Soleil,
Remede qui n'eut onc sur terre de pareil,
Et qui passe en effect toute humaine science.

Le mesme à l'Autheur.

SONNET.

OV soit qu'au beau iardin de la Philosophie
Tu vueilles recueillir les odorătes fleurs,
Ou bien que pour flairer les suaues odeurs
Des rosiers arrosez de l'eau d'Astrologie.

Ou soit qu'aux lăguissans de longue maladie
Tu vueille retrancher les plaintiues douleurs,
Ou bien qu'en vers dorez tu preuue les couleurs
D'vn Poëte remply de douce melodie.

Tu excelle tousiours, & tousiours tu te rends
Digne d'estre admiré par effects differents
Tant ton esprit est plein de science diuine.

Mais puis que tu as beu la celeste liqueur
Que Diane & Phœbus t'ont versé dăs le cœur
Tu reste sans pareil en l'art de Medecine.

A Monſieur Clement Conſeiller
& Medecin ordinaire du Roy.

SONNET.

CE n'eſt pas de ce iour que l'ignorãte enuie
   Auec ſa dent de roüille attaque les
     odeurs,
Pour entamer au vifles plus diuines fleurs;
Ce mal a de tout temps infecté noſtre vie.

   Pluſieurs ſeront frappez de ceſte maladie,
Lors qu'ils verront couler les celeſtes liqueurs
De tes remedes d'or, ſur tous autres vain-
     queurs
Pour ſaine entretenir parfaictement la vie.

   Mais quoy! ie te cognois eſgal aux demy-
     Dieux,
Tu ne fais nul eſtat de tous les enuieux,
Et reprens cõme il faut doctement l'ignorãce.

   Si bien que doublement tu profite au public
Luy monſtrãt les erreurs d'vn ignorant eſcrit,
Et preſeruant nos corps de toute peſtilence.

VERDIER ſieur du Pont-Daleſne.

LE TRESPAS
DE LA PESTE.

Pugna pro Patria.

Cest opuscule contient la speculation des choses plus considerables au corps de l'homme, la description de la Peste au point de sa naissance, ses causes, ses differences, ses signes, tant vniuersels, que particuliers, salutaires, que mortels, ses prognosticqs, & les aduertissemens generaux pour s'en preseruer : la Practique, qui monstre la composition de plusieurs trespuissans remedes, tant preseruatifs qu'autres, leur vsage, & leurs dozes.

CHAPITRE PREMIER.

L'HOMME est ennemy de la Peste, elle est ennemie de l'homme, il la fuit, elle le poursuit, l'atteint & le tuë souuent, s'il n'est muny de puissantes armes

A

pour s'en garentir, & luy faire quitter
la place dõt elle s'eſtoit emparée. Or
puis qu'il ſe faict vn combat entre
l'homme & ce mal contagieux : Ie
l'entreprens pour la conſeruation de
ma patrie, car le ſecours eſtranger eſt
incapable de la deffendre, pour n'a-
uoir la cognoiſſance du temperament de noſtre climat, des mœurs,
& humeurs de mes concitoyens;
pour leſquels guarantir d'vn ſi mortel ennemy qu'eſt la Peſte, dont ils
ſont (a mon grand regret) menaſſez.
Ie leur feray tout premierement co-
gnoiſtre, (comme choſe treſneceſſai-
re) ce que les Medecins conſiderent
principalement au corps humain: car
lors qu'ils auront acquis cette cognoiſſance, ils acquerront celle de ce
puiſſant ennemy , ils cognoiſtront
ſes armes, & ſes deſſeins, ils ſcauront
par quels endroits il les ſurprẽd pour
les mettre à mort. Ce que ſachans,
les moyens leurs ſeront ouuerts de
ſe preſeruer ; car l'ennemy , & ſes
deſſeins deſcouuers, ne ſont pas tant
à craindre, que ſi on ignoroit l'vn &
l'autre.

Qu'est-ce que les Medecins considerent principalement en l'homme.

CHAP. II.

LEs heroiques en la Medecine considerent en nous principalement trois choses, sçauoir les parties du corps humain, les humeurs, & les esprits contenus audit corps : Entre toutes lesdites parties, Ils en considerent encore principalement trois, sçauoir le Foye, le Cœur, & le Cerueau, dans chasqu'vne desquelles, la Nature a secrettement fabriqué trois Esprits, dés le cõmencemẽt de la generation du corps de l'hõme; sçauoir l'Esprit Naturel dans le Foye, l'Esprit vital dans le cœur, & l'Esprit animal dans le cerueau. Voicy ce qu'en dit Galien.

Gubernant animal tres inter se diuersi generis facultates, quas animas Plato vocat, vnicuique propria sedes propria instrumenta, quibus actiones suas peragit.

Puis donc que les plus iudicieux Medecins, ont particulierement esgard

a ces trois plus nobles parties du
corps, & aux trois esprits qui leurs
sont innez, cest a dire coessentiels
ou nez auec elles, & ne s'en separent
iamais qu'à la mort, il faut que ceux
qui veulent cognoistre le mal qu'on
appelle *Peste*, ayent la mesme consideration, afin de se mieux preseruer
& guarentir d'elle.

l.iiij. de
spir. &
cal. In-
nato.
cap.xi.

Or dict ce torrent de doctrine,
Fernel. L'esprit naturel n'est autre
chose qu'vne subtile vapeur du sang,
que Nature a spiritualizé dãs le foye:
L'esprit vital est la mesme vapeur,
qui recherchant le haut monte au
cœur tout le long de la veyne caue,
& y estant arriuée, Nature la rarefie,
ou spiritualize plus qu'elle n'estoit
au foye, de sorte qu'a cause de cette
rarefaction, & subtiliation, ladite vapeur perd le nom d'esprit Naturel,
& prend celuy d'esprit vital. L'esprit
animal, est encore la mesme vapeur,
qui de plus en plus recherchant le
haut, monte iusqu'au ciel de l'homme, c'est a dire au cerueau ; si bien
qu'elle sort du cœur, prend son chemin par les arteres carotides, & se va

asseoir comme en son trosne, au lieu
que nous appellons *le Reth admirable.*
Où elle reçoit le nom d'esprit animal.

Ces esprits se purifient, & s'augmentent, ou se contagient, & dimi-
nuent, selon le bon ou mauuais air,
que nous recepuons par la bouche,
par les narines,& par insensible trans-
piration des pores de tout le corps:
laquelle augmentation, ou diminution desprits, se fait en tout temps, a
toute heure, & à tout moment; Mais
les esprits qui augmentent les autres,
s'appellent *Esprits influens.*

Or tout ainsi que le prudent chef
de guerre, pose en guarde deux sortes de sentinelles, sçauoir d'arrestées,
& de perduës, pour descouurir l'ennemy, & entrer les premiers au combat, en cas qu'il les voulust forcer, &
passer outre pour s'emparer du corps
de guarde, de mesme aussi la prudente Nature humaine, pour preseruer
le corps de l'homme, & le garentir
de la Peste, a constitué les esprits Innez au foye, au cœur, & au cerueau,
comme sentinelles arrestées, & les

esprits influens , comme sentinelles
perdües. Ceux cy à l'abort d'vn air
pestiferé qui veut entrer au corps,
s'opposent, se mettent en deffence, &
attaquez , sont les premiers aux
mains ; Les esprits innez les secon-
dent , & apres eux la chaleur natiue
de tout le corps , mais particulierement celles du foye , du cœur , & du
cerueau, entrent au combat, qui plus,
qui moins, selon la plus, ou la moins
attaquée de la peste, de laquelle i'assi-
gne icy bas vne deffinition descripti-
ue telle que ie l'ay conceüe : si on
m'en monstre vne meilleure , ie la
cheriray, & partant.

> *Ne faignes point de me reprendre*
> *Vous qui iettez icy vos yeux:*
> *Ie ne desire que d'apprendre,*
> *En me monstrant ie feray mieux.*

Description de la Peste.

CHAP. III.

Quot capita , tot sensus , Diuers autheurs donnent diuerses deffi-

nitions de la Peste, ie n'ay pas entre-
pris de traitter leurs controuerses,
d'examiner leurs raisons, ny censurer
icy leurs periodes, ce seroit vn discours de longue haleine, & au dela
de mon desseing, qui n'a pour but
que l'vtilité de ma patrie, & sa conseruation contre la Peste, monstrant
à mes concitoyens de quelles armes
ils se doibuent munir pour se tenir
seulement sur la deffensiue, contre ce
veneneux homicide : car de rechercher à le combattre, seroit temerité
& folie, plustost que prudence, &
hardiesse : Donc selon mon iugement.

La Peste est vn inuisible venin, porté par
l'air iusqu'au centre des plus Nobles parties
du corps, & par tout le corps, dans lequel il
infecte quelque fois seullement les esprits,
quelquefois les mesmes esprits, les parties, le
corps, & les humeurs: faisant paroistre sa
malice par mort, charbons, bubons, carbun-
cles, exanthemes flux de sang, vomissements,
syncopes, resueries continuelles, profonds en-
dormissements, & autres signes tant vniuo-
ques, qu'equiuoques. Ab effectu visibili, inui-
sibilis causa dignoscitur.

L'homme ne peut viure sans air,
& la Peste ne le peut tuer sans l'air,
si bien que toute peste, est (au point
de sa naissance) vne corruption d'air
quoy qu'on en die, ou qu'on vueille
arguer au contraire; Nous recepuons
l'air par la bouche, par les narines, &
par les pores; la Peste ne peut entrer
en nous, que par les mesmes canaux,
partãt cest vn air infecté en sa propre
substance, car si la corruption n'est
simplement qués qualitez de l'air, il
ny à point de Peste : d'autant qu'encores que l'air soit trop chaud, ou
trop humide, trop froid, ou trop sec,
cest excez, ou diminution de qualitez
ne porte aucun venin.

Les esprits tant naturels, vitaux,
qu'animaux, rencontrans ce venin
aerien qui se veut emparer de leur
forteresse, se mettent en deffence
pour luy empescher l'entrée, & pour
le chasser hors s'il est entré, ce qu'ils
font s'ils sont assez puissans, mais s'ils
sont foibles, ils reçoiuent la mauuaise impression de ce venin, & ainsi contagiez ils communiquent souuent
leur mal, aux corps & aux humeurs.

Or d'autant qu'il y a vne eſtroit-
te , & coeſſentielle liaiſon , entre
leſdits eſprits, le foye, le cœur, &
le cerueau , il arriue peu ſouuent
que la bleſſeure ſoit particuliere,
ſi bien que les vns & les autres , ſe
mettent en deffence qui plus , qui
moins, ſelon le plus ou le moins attaqué du venin : mais touſiours les
eſprits influens font le premier combat , & en ſe deffendans troublent
toute l'harmonie du corps, cauſent
des accidens eſtranges , & ſouuent
la mort.   La cauſe de ce mal-heur,
n'eſt qu'vn air veneneux puis qu'il
d'eſtruict la nature, qu'vn autre air
gratieux & bon auroit conſeruée.

    Ce venin eſt plus expeditif que
tous autres, ſi ſubtil , qu'il entre en
nous inuiſiblement , ſi contagieux,
qu'il donne & preſte le mal de l'vn à
l'autre, par l'air infecté qui ſort du
corps , ſe porte de ville en ville, de
Prouince en Prouince, de Royaume
en Royaume , & d'vne partie du
monde en vne autre bien diſtante.

Sçauoir, si en temps de Peste l'air ambient
quelque ville est tout corrompu, ou
par ic d'iceluy.

CHAP. IIII.

L'Air donc est le porte mal de la Peste, mais il ne s'enfuit pas que toute sa substance, ny que toutes ses Regions soient infectées du venin pestilentiel, voire mesme il ne s'enfuit pas que l'air ambient vne ville, soit pestiferé lors qu'en icelle il y a diuerses maisons infectees de ce mal.

Mais d'autant que l'air, bon ou mauuais, sain ou pestilent, est inuisible, les yeux corporels ne peuuent voir qu'en vn endroit il soit veneneux, & qu'en vn autre tout contigu il soit sans venin, ains pur & net; Il ny a que les yeux de l'intellect des doctes, & iudicieux Medecins qui voyent cela, & le peuuent faire comprendre à tous ceux qui ne sont pas versez en nostre science.

Cette verité se fait donc paroistre par les choses corporelles, visibles, & cogneues d'vn chacun; ainsi dict sainct Augustin , *per creaturam creator intelligitur;* ainsi dict l'Apostre *a cognitis ad incognita quasi de gradu in gradum ascendimus.*

Or affin que les plus imbecilles puissent facillement comprendre que l'air peut estre pestiferé en vn lieu, & en vn autre tout contigu bien sain ; qu'il peut estre vitié dans vne chambre, sans que celle qui la joint soit infectée ; japorte l'exemple d'vn fruit, qui d'vn costé est pourri, de l'autre non ; ou d'vn arbre qui d'vn costé est tout chancré & rongé de pourriture ; de l'autre bien sain , & porte fruict: que si cela se void és corps elementez, pourquoy ne sera-il pas és corps qui les engendrent ? nul sans euidente opiniastreté ne peut arguer au contraire : Car si en vn temps de peste l'air estoit vniuersellement corrompu , a peine homme du monde pourroit il s'exempter de sa pestilente infection.

Si bien qu'a present il est fort aizé de decider vne question, qui cest entre plusieurs diuerses-fois, & en diuers endroicts agitée , sçauoir. Si la

Peſte, qui l'an dernier à infecté pluſieurs villes de ce Royaume, & en celuy d'Angleterre, eſt prouenüe de la
corruption de l'air ambient leſdittes
villes.

Ie reſponds oüy, & non; Oüy pour
celles auſquelles les hommes mou-
roient en peu de iours, & en grande
quantité : Non pour celles ou il ny a
eu que quelques maiſons infectées;
car cette infection ny eſt arriuee que
par la frequentation des ſains auec
les peſtiferez, ou ceux qui les fre-
quentoient, leſquels par tranſport
ont apporté ce mal d'vn lieu à l'autre,
ſi bien que quelques maiſons en ont
eſté infectées, & l'air d'icelles contagié: le ſurplus deſdittes villes à de-
meuré ſans infection.

Mais tout ainſi que ſi on ne retran-
che la pourriture d'vn fruict, elle fera
peu à peu corrõpre ce qui eſt ſain; de
meſme ſi par la prudẽte vigilance de
meſſieurs les Magiſtrats, l'air des maiſons peſtiferées n'eſt promptement
corrigé, ou que le froid n'amortiſſe la
force du venin, il eſt tres-certain qu'il
infectera le ſurplus de l'air ambient

la ville, ny plus ny moins que la gan-
grene, qui ambule tousiours si on ne
luy couppe chemin : Cela eust arriué
à ma patrie, sans qu'il a pleu à Dieu
l'en deliurer bien tost, & pour cest
effect il s'est serui de trois causes se-
condes : la premiere est la prudente
vigilance de messieurs les Magistrats
qui ont soigneusement donné ordre
à tout, la seconde est l'execution de
leurs iustes commandements, la troisiesme, est l'hyuer suruenu.

Des causes de la Peste.

CHAP. V.

LA Saincte Escriture nous tesmoigne que la Peste est exprez
enuoyée de Dieu sur la terre, pour la
punition des pescheurs, tellement
qu'il ne faut point doubter que
quand cette cruelle malladie regne,
que nostre Seigneur iustement cour-
roucé contre nous, ne nous chastie
de cette verge, pour auoir transgressé
ses saincts comamndements : Voila la
premiere cause, qui est supernaturel-

le, sçauoir l'ire de Dieu, ce qui est confirmé pas plusienrs passages de l'Escriture.

Premierement dans *l'Exode, chap.* 5. Moïse & Aron coniurant Pharaon de les laisser aller, luy dirent. *Deus Hæbreorum vocauit nos vt eamus viam trium dierum in solitudinem , & sacrificemus domino Deo nostro , ne forte accidat nobis pestis.*

Au chap. 9. du mesme liure. Moyse est desputé vers Pharaon de la part de Dieu pour luy dire. *Quod si adhuc renuis & retines eos ecce manus mea erit super agros tuos , & super equos , & asinos & camelos , & oues , & boues , pestis valde grauis.*

Et au mesme chap. Il dit. *Nunc enim extendam manum meam , percutiam te , & populum tuum peste, peribis que de terra.*

Au Leuitique chap. 2. *Quod si nec volueritis recipere disciplinam , sed ambulaueritis , ex aduerso mihi ; ego quoque contra vos aduersus incedam , & percutiam vos septies propter peccata vestra, cumque confugeritis , in vobis mittam pestilentiam , in medio vestri.*

Aux Nombres chap. 14. *Quousque*

non credent mihi , feriam igitur eos pestilentia, atque consumam.

Au Deuteronome, 28. *Adiungat tibi Dominus pestilentiam . donec consumat
te de terra ad quam ingredieris possiden-
dam*

Au 2. des Rois chap. 24. Le Prophete Guad , est enuoyé à Dauid
pour luy faire cette harangue. *Aut
septem annis veniet tibi fames in terra tua,
aut tribus mensibus fugies aduersarios tuos,
aut certe tribus diebus erit pestilentia in terra tua, nunc ergo delibera, & vide quem res-
pondeam ei qui me misit sermonem.* Et Dauid à choisi le troisiesme fleau : l'Escriture dict. *Immisitque Dominus Pestilentiam in Israel, de mane vsque ad tempus
constitutum , & mortui sunt ex populo
Adam, vsque ad Bersabe , septuaginta millia
virorum.*

Et au chap. 7. du Paralip. *Si clausero
coelum & pluuia non fluxerit, & misero pestilentiam , in populo meo.* Et au chap. 20.
*Si irruerint super vos , mala, gladius iudicij,
pestilentia, & fames, stabimus coram domo
hac in cospectu tuo , in qua innocatũ est nomẽ
tuum, & clamabimus ad te in tribulationibus
nostris, & exaudies nos saluosque facies.*

Au 4. d'E∫dras chap. 15. *Immittam tibi mala, viduitatem, paupertatem, & famem, & gladium, & pe∫tem, ad deua∫tandas domos tuas.*

En Ieremie chap. 14. *Cum ieiunauerint non exaudiam preces eorum, & ∫i obtulerint holocau∫tomata, & victimas, non ∫u∫cipiam ea, quouis gladio, & fame, & pe∫te con∫umam eos.*

Et au chap. 21. *Percutiam habitatores ciuitatis eius, homines ac be∫tiæ, pe∫tilentia magna, morientur homines.* les chap. 24. 27. 29. 31. 32. 34. 38. 42. 44. du me∫me Prophete te∫moignent cette verité.

Le Prophete Ezechiel chap. 6. *Qui longè e∫t, pe∫te morietur. Qui prope, gladio corruet.* On peut voir ce qu'il dict aux chap. 6. 7. 12. 14. 28. 33. 38.

Au nouueau Te∫tament S. Mathieu chap. 24. raporte de la bouche de Ie∫us que ∫ur la fin du monde *Erunt pe∫tilentiæ fames, terroresque de cœlo.*

Et S. Luc chap. 21. dict la me∫me cho∫e en ∫emblables mots. Voila des fidelles te∫moings, qui nous a∫∫eurent que la cau∫e ∫upernaturelle de la Pe∫te, e∫t tou∫iours l'ire de Dieu.

Quand

Quand aux caufes naturelles, il y
en a vne generalle, ſçauoir: La corruption *de la ſubſtance de l'air* : & pluſieurs
particulieres.

L'air donc, non viſible à nous, ains
ſenſible eſt l'vniuerſel ſeminaire de la
Peſte, mais il reçoit cette veneneuſe
& peſtifere ſemence de pluſieurs cauſes, dont les vnes luy ſont ſuperieures;
les autres inferieures, & les autres eſ-
gales, ou eſgalables à la hauteur de ſa
ſphere; toutes leſquelles ie reciteray
icy bas.

Les caufes eſgalables à la ſphere Æ-
rienne ſont les vents Meridionaux
qui n'agitent point l'air.

Auſtrinus, vētiſque ſilens & nubifer ānus,
Omen habet, ſtigias iacit fūdamina peſtis.
Le temperamment des ſaizons *peruertj*
uertit cum tempora anniſ tranſmutantur, ne-
ceſſario magna inſequitur peſtilentia.

Les ſubits & frequents change-
ments de temps, tirant ſur le chaud &
humide ? *Calor & humiditas putredinis*
cauſa.

Les caufes de la peſte, qui ſont inferieures à l'air, mais qui montans iuſ-
ques à ſa ſphere, & y arriuées infectēt

sa substance,& la contagient en quelques endroicts , sont des vapeurs pu-
trides, chaudes & humides, esleuées
en temps d'Esté , par vne excessiue
chaleur du Soleil, des eaux boueuses
& dormantes , des marescages, des
lacs, des Estamps bourbeux, des fan-
ges retenuës,des latrines puantes,des
cloaques, des trouz puants, & autres
semblables,produisans vne puante, &
charogeuse vapeur.

Les causes de ce mal superieures à
l'air,sont deux,sçauoir les exhalaisons
chaudes & seiches, & l'influance des
Astres,

Les exalaisons puantes, malignes, &
charogneuses,estãs arriuées iusqu'à la
sphere du feu , sont quelque-fois par
luy enflammées, quelque-fois auant
auoir monté si haut elles sont enflammées, ou par le vif & rapide mouuement des orbes cœlestes , ou par la
chaleur du Soleil; laquelle inflammation engendre des estoilles courãtes ,
chãdelles,lampes flãboyantes fallots,
dragons volans,tisons,dards , cheures
sautelantes,serpents de feu. Commet-
tes, & autres impressions de diuerses

figures, selon que la matiere desdites exhalaisons s'estend en long & large, qu'elle est espaisse ou déliee, & que le feu va poursuiuāt sa pasture; car aprés la cōsommation de ceste matiere inflammable, il demeure vne fumee aduste & sulphureuse, qui s'espand çà & là, & vient en bas contaminer l'air qui nous enuironne, & y apporte vn seminaire de peste.

Examen des raisons de celuy qui nie que les influences celestes ne peuuent estre cause de la Peste.

LOrs que i'entreprins de combatre pour ma Patrie contre les homicides dards de l'air pestiferé, ie recherchay auec curiosité les plus celebres Autheurs qui ont escrit sur ce suject, afin d'en mieux recognoistre la cause:

Fœlix qui rerum potuit cognoscere causas: j'ay trouué que toute l'antiquité a d'vn commun sentiment estimé que quelquesfois ce pouuoit estre vne mauuaise constellation, qui corrom-

pant la substance de l'air causoit ce
mal: & que tous les Autheurs modernes se sont côformez à ceste opinion,
fors quelqu'vn qui pour ce sujet a formé party, & conclud sa dispute en ces
termes : *Que les influences celestes sont au-*
tant de chymeres & phantaisies imaginaires,
capables seulement de donner la peste à des cer-
ueaux legers, non à ceux qui guidez de la rai-
son se rient de ces folies.

Ceste nouuelle conclusion me plût
à l'abord, car toutes nouueautez sont
agreables , & ie les cheris fort quand
elles sôt ornees de quelque solide doctrine, & accôpagnees de raisons; c'est
pourquoy craignât que la peste n'en-
trast en mon cerueau, pour auoir trop
legeremét adiousté foy aux Anciens,
ie contrebalançay meurement leurs
raisons auec celles de ce nouueau Escriuain : mais ie trouuay autant de so-
lidité & de grauité en ceux-là, que de
legereté & de ieunesse en cestuy-cy;
attendu que le commencement de
son Chapitre quatriesme où il a formé ceste dispute contre les Astrologues, est totalement contraire à sa
conclusion.

C'eſt (dit-il) vne tres-celebre diſpute entre les plus fameux Medecins qui ont traitté cette matiere de l'opinion des Aſtrologues touchant le pouuoir des Aſtres & de leurs influences ſur les corps ſublunaires : Fernel auquel la Medecine doit beaucoup, pour l'auoir tiree d'vn chaos de confuſion, & miſe au iour dans les plus beaux termes de ſa perfection, ſe range de leur coſté, & prouue par raiſons, dignes de ſon eſprit, ceſte neceſſité.

Puis donc qu'il a eſtimé Fernel homme de grand eſprit, & allegué qu'il prouue par dignes raiſons que les influences agiſſent ſur les corps ſublunaires, c'eſt mal conclud de dire qu'elles n'entrent qu'en des cerueaux legers, & que ce ſont des chymeres : c'eſt auſſi auoir la memoire bien courte de terminer vn Chapitre tout au contraire de ce qu'on y a inſeré au commencement, & en pluſieurs autres endroits où le meſme Autheur a derechef monſtré que les plus authentiques en la Medecine ont eſtimé que leſdites influéces pouuoient cauſer la peſte, en ces termes.

Ceſte doctrine ne manque pas d'authoritez, Aetius, Ficinus, Hyppocrate, & pluſieurs

aubres ont laissé par escrit, que la maligne vapeur de la peste estoit concreté en l'air par quelque maligne constellation, & particulieremét
par les conionctions de Mars & de Saturne
aux signes humains, & par les Ecclypses du Soleil & de la Lune. Auicéne dit, que la forme de
la peste tire son estre des formes celestes. Galien asseure que les changemens de l'air en cette
maladie doit estre rapporté aux causes celestes. Aristote croit que les Astres disposent des
choses qui sont hors de la volonté & delibera-
tion des hommes.

Apres donc auoir allegué ces gra-
ués Autheurs pour acerteurs du pouuoir des celestes influences, ce n'est
pas ce me semble bien conclud, de dire que ce ne sont que des chymeres,
qui n'entrent qu'en des cerueaux legers, non à ceux qui guidez de la raison se rient de ces folies. Quant à moy
i'estime que ce rieur eust mieux fait
de demeurer derriere le rideau comme Apelles, pour voir ce qu'on diroit
de son œuure, que d'entreprendre de
contredire tant de grands & approu-
uez personnages par vne opinion
nouuellement eclose. Si i'estois fami-
lier auec luy, ie luy dirois doucement

& auec ma naturelle clemence,
Conueniunt rebus nomina sæpè suis.

Ha! que vous estes gentil, de vou-
loir faire la leçon à Hyppocrate, à Galien, à Aristote, & à tant de graues
Autheurs qui ont tousiours esté re-
ceus pour les saincts Genies de la Medecine, & de la Philosophie: mais vn
autre plus hardy que moy luy diroit,
qu'il merite mieux d'estre traité de la
manie qui blesse son cerueau, que
d'ordonner pour les pestiferez l'antidote qu'il dit *Auoir esté acheté cinq cents*
ducats d'vn passant, lors que la peste estoit à
Boulongne; comme si telle allegation
estoit capable de rendre le remede
plus autentic: elle fut mise en lumiere
aussi bien à propos que l'iniure qu'il a
faite à tous les plus signalez Medecins
& Philosophes, qu'il a appellez *Cer-*
ueaux legers, attendu qu'à son rapport
mesme ils ont tenu le party des influences: & peu apres il dit que cela
n'appartient qu'à des cerueaux legers: ce dont les Manes d'Hyppocrate iustement irritez, nous font entendre que ce sont les chymeres & phantaisies imaginaires, qui superabon-

dantes au cerueau de ce ieune Autheur, luy ont fait inconsiderément
démentir toute l'antiquité; & qu'e-
stãt tout plein de mauuaises humeurs
enflammees dans ses hyppocondres,
luy causent la fievre quarte, dont il ne
se peut deffaire quoy qu'il soit Docteur Regent: c'est pourquoy il est
raisonnable de luy donner quelque
bon & salutaire aduis.

Prenez donc vn peu d'Ellebore
(mon grãd amy) pour purger ces malignes humeurs hyppocondriaques,
causez de ces vapeurs qui vous es-
bloüyssent le iugemẽt, ie le vous con-
seille en Medecin & en amy; vous en
serez mieux si ie ne me trompe. Que si
ce remede n'opere, accusez-en le mal
qui est inueteré, & ne vous en prenez
pas à moy qui ne tasche qu'à vous re-
mettre au bon chemin d'où vous
vous estes trop esloigné par vos frequentes contradictions: Car conside-
rez que la sagesse (ornement fort requis au Medecin) est tousiours constante, & que vostre plume est fort in-
constante: cela se void clairemẽt par
ce que dessus, & est encore manifeste

par ce qui suit; d'autant qu'ayãt entre-
pris demonstrer cõtre les Astrologues,
que les celestes influences ne peuuent
estre cause de la peste, vous auez
neantmoins dit qu'elles contagient
diuers lieux, diuerses regions, & particulierement celles qui sont expo-
sees aux vents de Midy, en ces termes:
Qui peut empescher que ces corps celestes se
rencontrant en diuers signes & lieux du Ciel,
(mesme à cause de leur zenit) par lesquels ils
contagient aussi diuers lieux, & diuerses re-
gions, & particulierement celles qui sont ex-
posees aux vents Meridionaux, & dont les
habitans sont de mauuaise vie?

Voila de grandes contrarietez en
vn Chapitre de vos escrits, ceste-cy
n'est pas moindre, puis qu'elle de-
struit vostre cõclusion, qui porte que
les celestes influences sont des chymeres: car peu auparauant vous auez
dit qu'elles engendrent les metaux,
& tout ce qui est caché au centre de
la terre; voire mesme qu'elles estoient
plus considerables que le mouuement, & que la lumiere des Cieux :
Voicy vostre texte: *Les Philosophes tien-*

nent que le Ciel agit fur nous par trois voyes:
fçauoir par fon mouuement, par fa lumiere, &
par fon influence, &c. La troifiefme & plus
confiderable à noftre fuieɛt eft l'influence, laquelle s'eftend au de la de fon mouuemĕt, & de
fa lumiere, iufques dans les entrailles de la terre, par laquelle les metaux & tout ce qui eft
caché dans fon ventre font engendrez.

Vous auez encore dit qu'elles pro-
duifent des tremblements de terre, &
des innondations, en ces mots : *Quel-*
ques-vns adiouftent aufsi la conionɛtion de
Iupiter & *de Mars, laquelle ie croy neant-*
moins pluftoft produire des tremblements de
terre & *des innondations que des corruptions*
d'air.

Si cefte croyance a trouué lieu en
voftre efprit, l'influence de cefte conionction n'eft donc pas vne chymere,
ny phãtaifie imaginaire comme vous
concluez. Or fi la conionction de Iupiter & de Mars peut faire trembler
la terre, & caufer vne inondation
(cõme vous croyez) vous deuez croire auffi que quelqu'autre conftella-
tion, & cefte-là mefme, peut corrompre l'air; car fi l'vn le peut, pourquoy
non l'autre ? Pourquoy vous eftes-

vous dõc separé de l'opinion de toute l'antiquité ? C'est que vous la voulez destruire par vn argument formé
à vostre mode, lequel (dites-vous)
est bref & veritable, & qu'en outre
vos chymeres & vaines imaginations
vous ont persuadé que Platon, Aristote, Auerroes, sainct Augustin, &
Chalcidius ont dit que l'influence
des Astres ne pouuoit estre cause de
la peste : c'est pourquoy il faut meurement considerer le texte de ces Autheurs, que ce moderne a rapporté
pour maintenir sa mauuaise cause;
commençons par celuy de Platon : *Le*
diuin Platon (dit-il) *asseure que ces corps cele-*
stes ont telle proprieté, que par leurs beautez
& bontez naturelles ils rendent plusieurs
bienfaicts à tous les animaux.

I'en suis d'accord, mais ce texte est
impertinemment rapporté pour en
tirer vne cõsequence que les influences celestes ne peuuent causer la peste : car si la beauté & bonté naturelle
des Astres rend plusieurs bienfaicts à
tous les animaux , il ne s'ensuit pas
que leurs influences ne puissent corrompre l'air pour la generation de la

peſte. Mais afin que les plus imbeciles
puiſſent iuger de voſtre impertinen-
ce, elle eſt ſemblable à celle qui diroit; Vn homme par ſa bonté naturelle rend pluſieurs bienfaicts à tous
ceux qu'il aime, & partant il ne peut
faire mal à perſonne; telle conſequence eſt ridicule, & l'autre auſſi : c'eſt
pourquoy paſſons outre, & voyons ſi
Ariſtote a retracté ſa parole; car tan-
toſt ce moderne Autheur nous faiſoit
entendre qu'il eſtoit d'opinion que
les mauuaiſes influences des Aſtres
pouuoiẽt eſtre cauſe de la peſte, dit-il
à preſent au contraire? Voyons le texte que ce Philoſophe a cité au con-
traire : *Ariſtote* (dit il) *diſcourant ſur ce ſu-*
jet, nie qu'en ces corps il ſe trouue aucune er-
reur ny corruption, d'autant que ces defauts
procedent de choſes mauuaiſes: Auerroës eſt de
meſme opinion.

Ie ſuis encore d'accord auec Ariſtote & Auerroës, mais ſi les Aſtres ne
ſe peuuent corrompre, pour n'eſtre
faits d'vne matiere corruptible, il ne
s'enſuit pas que leurs influences ne
puiſſent corrompre l'air : ſi bien que
ce texte eſt encore impertinemment

rapporté, ne pouuant rien contre les
influences, ains seulement que ces
Astres sont de leur nature incorrupti-
bles; & partant ceux qui le citent ont
voulu mal à propos trancher des ar-
gus en vne question où ils sont aueu-
gles; si bien que Platon, Aristote, ny
Auerroes ne font rien pour eux.
Voyons si sainct Augustin leur sera
fauorable, car ils nous rapportent
que *Ce grand personnage sainct Augustin
disputant contre ceste science dit, qu'il est impossible de cognoistre les choses futures, dont
les effects à Dieu seulement presens, surpassent
l'esprit humain.*

Ie suis aussi d'accord auec sainct
Augustin; mais ie dy derechef que ce
texte est impertinemment rapporté
pour maintenir contre Hyppocrate
& ses sectateurs, que l'influence des
Astres ne peut causer la peste : car
combien qu'il n'y ait que Dieu qui
cognoisse les choses futures, il ne s'ensuit pas que les Astres ne puissent corrompre l'air, & que l'homme n'en
puisse preuoir plusieurs, qui selon le
cours de nature doiuent arriuer; aussi
l'Escriture saincte tesmoigne que les

*S. Luc 17.
21. S. Matt.
chap. 16.*

choses futures peuuent estre predites.

Lib. de Astro. & Physiog. cap. 3.

Hyppocrate en ses Aphorismes nous enseigne à preuoir quelle sera la disposition du malade au septiesme iour par celle du quatriesme : *Septeno-rum quartus est iudex.* Le mesme au liure *De aere ,aquis & locis , cap.* 6. enseigne le moyen de preuoir si en Automne il y aura force maladies , disant que s'il pleut au leuer de la canicule , & que les vents Etesiens soufflent, c'est signe que les maladies qui pour lors re-gnent, cesseront.

Suidas, au rapport de Taxil, dit que du leuer de cest Astre ce grand Astro-logue Iochen predisoit asseurément aux Egyptiens si l'annee seroit sujette aux maladies ; & les aduertissoit fort bien lors que la peste deuoit arriuer. Vn chacun peut predire qu'il fera de la pluye au leuer de la canicule, parce que cela arriue presque tousiours, d'autant qu'alors le Soleil par sa cha-leur redoublee par la vertu de ceste estoile, attire en haut grande quantité de vapeurs, lesquelles se conuertissent apres en pluye. Ce qu'Aristote ensei-gne au second de la Physique chap. 8.

disant, que la pluye arriue par accidés
aux iours caniculaires. Au Chapitre
suiuãt ie feray plus ample narration
de semblables predictions , retournons à nostre sujet, & voyons ce que
dit Calcidius pour le maintien d'vne
mauuaise cause: *Il est impossible que ces*
corps qui participent de la celeste sapience
puissent rien produire de mauuais.

Ie responds à Calcidius sans le cognoistre, qu'au rapport de nos aduer-
saires que ceste impossibilité est combatuë & abatuë par l'experience, qui,
maistresse des choses, nous fait trop
souuent cognoistre que les excessiues
ardeurs du Soleil, & de la canicule,
causent aux hommes plusieurs ca-
tharres, dont *on meurt* quelquefois
tout soudain , *Aestus dilatans fluxiones*
parit.

L'experience encore nous fait voir
que les mesmes ardeurs sont causes
de plusieurs fieures ardentes, telles
qu'est celle que les Grecs appellent
Causus, en bon François trousse ga-
lant , & que les mesmes ardeurs brus-
lent souuent les fruicts de la terre, qui
est vne mauuaise influence pour les
dauures.

L'experiéce est aſſez puiſſante pour
confondre l'impoſſibilité de Calcidius , car c'eſt d'elle ſeule que noſtre
ſcience prend ſa ſource, dit Ariſtote, le
quel met les ſens pour le ſeul fõdemẽt
de toutes ſciences, où il faut s'arre-
ſter , dit-il, & par vn recueil des indi-
uidus, compoſer les maximes vniuer-
ſelles, pour auoir la ſcience & la verité que l'on cherche. Que peut-on dire contre tant d'anciennes experien-
ces remarquees par vne infinité de
graues perſonnages ? *Quàntam venera-*
tionem præceptoribus meis debeo , eandem an-
tiquis præceptoribus generis humani à quibus
tanti boni initia fluxerunt, dit le ſage Se-
neque. *Exempla* (dit Ciceron) *ex vetere*
memoria & monimentis ac litteris plena di-
gnitatis, hæc plurima ſolent, & auctoritatis
habere ad probandum, &c.

Que ſi l'experience ne ſuffit pour
conuaincre l'impoſſibilité rapportee
de Calcidius , les exemples du contraire la confondront; car les Aſtres
ne participent pas plus, ny meſme
tant, de la ſapience diuine, que font
les bons Anges, ceux-cy neantmoins
ont bien corrompu l'eau & l'air d'E-
gypte,

gypte, pour chaſtier l'obſtination de Pharaon, *Fecit Angelos ſuos ſpiritus, & miniſtros ſuos flammam vrentem.*

Dauid apperceut l'Ange qui exterminoit ſes ſujects par le fleau de la Peſte, à cauſe de ſon peché.

Sainct Gregoire vid le ſemblable ſur le Chaſteau d'Adrian, qui pour ce ſuject s'appelle maintenant le Chaſteau ſainct Ange.

Si donc les Anges, qui participent plus de la ſapience diuine que les Aſtres, produiſent quelquefois la peſte par la permiſſion de Dieu, Calcidius & ſes ſectateurs ſont obligez de croire, que les Aſtres peuuent faire le ſemblable. De ſorte que des cinq Autheurs qu'on a citez pour maintenir contre l'antiquité que les influences celeſtes ne peuuent corrompre l'air, les quatre premiers n'en parlẽt point, le cinquieſme ne fait que paſſer par aupres; mais s'il auoit eu ceſte volonté, il eſt reuaincu par l'experience, & par exemples qui teſmoignent le contraire; ſi bien qu'il ne nous reſte plus qu'à examiner les nouuelles raiſons de ceux qui de fraiſche memoire ont

formé ce nouueau party contre l'antiquité. Voicy la teneur de leur argument, que pour toutes raisons ils ont
mis au iour pour maintenir leur opinion : *Si la conionction de Saturne & de
Mars par leurs malings aspects est cause de ce
mal, ou elle est seule ou bien accompagnee de la
corruptiõ de l'air, & la dispositiõ des corps
si seule, il s'ensuiuroit que lors que ces deux signes (nota ces deux signes) se ioignent, ils produiroient tousiours la peste ; ce qui est faux selon le mesme Batan au Ch. de l'Astrolabe, qui
dit que leurs efforts sont tousiours malins, non
tousiours leur fin : Ceste consequence est veritable, ou bien leur malignité fausse ; le dernier
ne se peut, d'autant qu'ils sont tousiours malins
selon tous les Astrologues, donc le premier sera
infaillible : Que si la corruption de l'air, & la
disposition des corps y sont requises, leur action
ne sera point immediate, ains dépendante des
choses inferieures : ce qui est aussi ridicule comme si on disoit que si les corps n'estoient iamais
disposez, ny l'air corrompu, ces signes ne seroient iamais mauuais, veu qu'ils ont ce vice
de leur nature ; joint l'axiome de Philosophie
qui dit, qu'en vain met-on plusieurs causes
quand il n'en faut qu'vne seule à produire vn
effect si opposé : car qu'est-il besoin de Mars*

& de Saturne , puis que la seule corruption de
l'air, auec la dispositiõ des corps peuuẽt exciter
la peste? Cõcluons donc que les influences malignes de ces signes sont chymeres & phantaisies
imaginaires capables seulement de donner la
peste aux cerueaux legers & credules, & non
à ceux qui guidez de la raison se rient de ces folies.

Il n'y a celuy qui ne voye bien que
la briefueté qu'on nous promettoit
d'vn argument, est conuertie en vn
chaos & vn si profond Ocean de paro-
les, qu'à peine l'Autheur en a-il peu
sortir. On cognoist bien que ce n'est
pas vn argument *in modo, nec in figura,*
comme les demande le pere de Philosophie Aristote, ains que c'est vn long
discours fort mal ourdy , & tres-mal
tissu, qui ne mõstre autre chose qu'v-
ne grande ignorance en Astrologie,
car non vne fois, mais deux & trois il
appelle Iupiter & Mars des signes , &
neantmoins sont des Planettes. Et
quand dés la premiere ligne, il veut
contrefaire l'Astrologue , dés là il
monstre euidemment qu'il n'a iamais
rien appris en ceste science , car il dit:
si la conionction de Iupiter & de Mars par

leurs malings aspects &c. les. 4. derniers
mots *sçauoir par leurs malins aspects*, de-
uoient demeurer au bout de la plume:
car les Aſtres en cõjonction, n'eurent
& n'auront iamais d'aſpects ; Mᵃⁱˢ
hors de conjonction, ils en ont quatre, deux deſquels ſont bons , ſçauoir
le trine, & le ſextil , deux autres mauuais, ſçauoir le quarré , & l'oppoſite.

L'aſpect oppoſite eſt celuy du de-
my-cercle, ceſt a dire quãd deux Planettes ſe regardent & qu'il y a la
moytié du ciel entre-deux. L'aſpect
quarré eſt celuy de la quatrieſme partie du cercle ; & ces deux aſpects ſont
mauuais ceſt a dire produiſẽt de mauuaiſes influences , pourquoy ? parce
qu'ils ſe font en des ſignes de diuerſes
nature. L'aſpect ſextil, eſt celuy qui ſe
faict de la ſixieſme partie du cercle le
trine, celuy qui ſe faict de la troiſieſme,
& l'influence de ces deux derniers eſt
bonne, parce qu'elle ſe fait en ſignes
de meſme Nature.

Mais quand les planettes ſont en
cõjonction, ils n'ont point d'aſpect, &
partant l'autheur de ceſt argument
n'en deuoit point parler, ce qu'ayant

faict, & appellé par diuerſes fois Iupiter, & Mars, des ſignes; ayant dict au
meſme chap. que Iupiter eſt vn ſigne
doux & bening, cela monſtre euidemment qu'il a voulu parler d'vne
ſcience qui luy eſt incognuë.

Eſcrire d'vn ſubject ſi haut, & qu'on ignore
Il faut a ce cerueau cent liures d'Ellebore :
Si cette doze , au mal ne peut faire la Loy
Faut le purger auec l'Euangelique Foy.
---- Tractent frabrilia fabri
Enumeret miles vulnera , paſtor oues.

Or tout ainſi que le Cordonnier d'A-
pelles voulut outre paſſer la pantouf-
fle, de meſme ceſt autheur a outre paſſé les bornes de ſon ſçauoir , lors
qu'il a dict que , *Si la ſeule conionction de*
Saturne & de Mars pouuoit cauſer la Peſte,
il s'enſuiuroit que quand ces deux Signes ſe
joingnent , ils produiroient touſiours ce mal.
Ie nie cette conſequence : car Saturne
& Mars, eſtans en conjonction au ſigne d'Aries, n'ont pas vne meſme influence, qu'eſtans au ſigne de Libra,
ou en quelque autre des douze Signes
du Zodiaque. Mais qui plus eſt, les

meſmes Aſtres , ou autres, eſtans en
la premiere decade d'vn Signe, n'ont
pas les meſmes influences qu'ils ont
en la ſeconde , n'y en la ſeconde qu'en
la troiſieſme decade du meſme Signe:
Or chaſque Signe à trente degrés, on
appelle la premiere decade , les dix
premiers degrés des trente , & ainſi
conſecutiuement des autres. Ie ra-
porterois icy aſſez d'authoritez pour
confirmer ce que ie dis ; mais *ad quid?*
ie ne dis rien que ie ne maintienne
bien a qui que ce ſoit, qui voudra arguer, ou eſcrire au contraire , ie neſ-
cris rien que ie ne ſçache, ou qui ne
ſoit veritable, ſi celuy qui m'a inſtruit
en cette ſcience, ſi Ptolemée , Iulius,
Firmicus, Copernic , & tous leurs ſectateurs diſent vray.

Donc apres auoir meurement con-
ſideré la teneur de ceſt argument qui
ſembloit deuoir renuerſer toute l'antiquité, i'y ay trouué tant de reſorts,
qu'Oedipe ſeroit bien empeſché a les
faire tous joüer d'vn bon accord, ſi
bien qu'au lieu de ſuiure l'opinion de
celuy qui la enfanté, i'eſtime auoir
faict beaucoup pour luy de luy auoir

faict toucher au doigt son erreur, &
apres le conuier à chanter la Pallino-
die contre les iniures qu'il a faict,
aux Astres & a Hypocrate, *qui nemi-*
nem vnquam fefellit, dict Oubaze, *nec Ipse falsus*
fassus est : Or esmeu de commiserati-
on de sa perte & craignant qu'il ne
luy arriue semblable chose qu'à Pro-
thee qui fut bany de la compagnie
des Dieux pour auoir esté contraire a
soy mesme, ie le veux reunir auec Hypocrate, craignant qu'il face debris
de sa reputation par la saillie de sa no-
blesse, & pour auoir contredit le pere,
le Patron, & le Dieu tutelaire de la
medecine. I'ay obtenu sa grace de luy
à condition toutefois que tristement,
& a haute voix il profere ces vers
composez en sa faueur.

O decus, ô nostrum Medicorum lumen,
    & omen,
  In te, me fateor, criminis esse reum
Parce precor, medico quartana febre
    dolenti ;
  Peccati pœnas soluere febre sat est
Funduntur lachrymæ, gemitu de pectoris imo
Heu misero veniam, da pater, oro mihi.

Aspice me miserum tendentem ad Sydera
    palmas.
Flecte iram precibus iure colende meis
Errorisque mei iuuenis, miserere, paternum
Numen, flexo poplite vtroque precor:
Inde, tuas laudes factus sapientior, olim,
Annis Maturus, tum meliora canam.

Responce d'Hypocrate.

Gaude tuas lachrymas (fili) tua vota, precesq;
Audiui veniam dat bonus   Hypocrates.

Que les Influences celestes ne sont pas des Chy-
meres, ny phantaisies imaginaires. Et que
les plus solides esprits ont escrit qu'el-
les exercent leur pouuoir sur tou-
tes les choses sublunaires

CHAP. 7.

CE qui agit actuellement sur les
Elements, sur les mineraux, vegetaux & animaux, n'est pas Chymere,
ny phantaisie imaginaire? Or est il que
les influences celestes agissent sur les
Elements, sur les mineraux, vegetaux, & animaux, *partant* les influences

celestes, ne sont pas des Chymeres, ny phantaisies imaginaires.

La majeure de cest argument ne peut estre contestée, ie prouue la mineure par des Autheurs Autentiques & inuincibles.

La premiere est de S. Gregoire, lequel voulant monstrer combien les S. docteurs de l'Eglise sont profitables, monstre aussi l'influence des Estoilles appellées *les Hyades*, disant que comme elles ont pouuoir d'aroser la terre a leur leuer, qu'ainsi les docteurs arrosēt les ames des Chrestiens par leurs douces predications, voicy son texte. *Nec immerito doctores sancti ὑάδων nuncupatione signantur, græco quippe eloquio ὑετὸς pluuia vocatur, & ὑάδες nomen à pluuijs acceperūt quia ortæ procul dubio imbres ferunt, bene ergo hyadum appellatione expressi sunt, qui ad statum vniuersalis ecclesiæ quasi in cœli faciem deducti. super arentem terram humani pectoris sanctæ predicationis imbres fuderunt.*

Ceux qui voudront plus particulieremēt voir l'influence des Hyades, qu'ils lisent Aulugelle. l. 13. chap. 4. Ciceron l. 2. de. Natura deorum

l. 4. Moral. cap. 6

Robert Constantin, in Thesauris lin-
guæ Græcæ tom. 2.

Ce grand Docteur de l'Eglise S.
Thomas d'Aquin, dict que Dieu gou-
uerne les choses de ça bas, par le moy-
en des corps superieurs Allegāt S. Da-
mascene qui dict *Alij atq; aliæ planetæ
diuersas complexiones, habitus, & dispositio-
nes in nobis constituunt.*

Le mesme S. Thomas, dit qu'on peut
conclure veritable ce que Ptolo-
mée a laissé par escrit en l'Aphorisme
38 de son Centiloque, sçauoir est que
*Lors que Mercure se trouue en la natiuité de
quelqu'vn, en l'vne des maisons de Saturne,
que telles planettes le font de bon entendement.*

Le mesme encore proteste que les
Astrologues sont le plus souuent veri-
tables en ce qui concerne les mœurs
de l'homme.

Mais ie dis qu'encore que les influences des Astres ayent vn grand pouuoir d'agir sur l'homme, neantmoins
elles n'aportent aucune necessité aux
choses qui sont a venir, lesquelles peuuent estre empschés en beaucoup de
façons, lors quelles sont preueües
par le cours des Astres, laquelle Pre-

Lege D.
Thom.
l. 3 contra
gent. cap.
54 & 84. &
86.
Diuum
Dyonisium
cap. 4.
cælestis
hyerarch.
D. Da-
masc.
l. 2. de ort.

pr. part. q.
115 art. 4.
& pr. part.
2. part. q.
9. art. 5.

uoyance est permise de l'Eglise.

Le Cardinal Tolet tant haut loüé par les doctes dict qu'on peut cognoistre les choses futures par le mouuement des Astres, & qu'on ne peche point pour en rechercher la cognoissance *Non est* dict il *peccatum inquirere ex Astrologia naturales effectus, vt futuras Eclipses, pluuiasque : imo eas complexiones hominum, ac naturales inclinationes, vnde permittitur huius scientiæ speculatio : imo si quis vellet per Astrologiam cognoscere futurum aliquod contingens, non peccaret mortaliter.* *l. 4. cap. 15. instirut. sacerdot.*

Le subtil Delrio, dit le semblable, parlant de la iudiciaire, qui marque le pouuoir des Astres sur les corps inferieurs. *Astrologiæ illa species dictil, nõ est superstitiosa, si tantum profitetur opinionem, ceu suspicionem cum formidine oppositi, verbi gratia ; Minantur Astra annonæ caritatem, suspicio est hunc puerum fore talem, inclinabitur ad hoc, horoscopus illi talia portendit : & c. licet, enim nobis suspicari, aut metuere similia, neque vllum peccatum in hac obseruationis cautione versatur, quæ est quædam portio prudentiæ, & ideo secundum se bona est.* *l. 6. cap. 3 quæst. 1. disquisition. Magicarum.*

S. Hyerosme cognoissant aussi le pouuoir, des influences cœlestes sur *Hyero. epist. ad paulin.*

les choses sublunaires, nous a laissé
par escrit que l'Astronomie, & l'Astrologie sont sciences vtiles, & necessaires aux hommes

Iob.   Iob, ayant la cognoissance du pouuoir que les Astres influent ça bas a
remaqué les vertus des plus notables
estoilles du Firmament & loüengeant
leur souuerain ouurier s'écrioit *Tu es
qui firmasti Arcturum, Pleiadas, Hyades,
Oriona, & interiora Austri.*

l. 1. Geor.   Mais voyons ce que les poëtes nous
ont laissé par escrit de l'influēce de ces
estoilles : commençons par Virgile,
voicy ce qu'il en escrit au premier des
Georgiques.

Quid tempestates, Autumni, & sidera dicam?
Sæpe ego cum flauis messorem induceret aruis
Agricola, & fragili iam stringeret hordea
     culmo:
Omnia ventorum concurrere prælia vidi,
Quæ grauidam late segetem ab radicibus imis
Sublime expulsam eruerent. &c.
Sæpe etiam immensum cœlo venit agmen
     aquarum.
Et fœdam glomerant tempestatem, imbri-
     bus atris.

Collectæ ex alto nubes : ruit arduus æther:
Et pluuia ingenti sata læta:boumque labores
Diluit : implentur fossæ, & caua flumina
　　crescunt.
Cum sonitu;feruetque fretis spirantibus æquor:
　　&c.

Hoc metuens, cœli menses , & sydera serua
Quos ignis cœli Cyllenius erret in orbes. &c.
Præterea, tam sunt Arcturi sydera nobis,
Hœdorumque dies seruādi,&lucidus Anguis:
　　Quam quibus in patriam ventosa per æquora
　　　　ventis.
Pontus , & ostriferi fauces tentantur abydi,
　　&c.

At si triticeam in messem robustaque farra
Exercebis humum : Solisque instabis aristis
Ante tibi Atlantides abscondantur.&c.
Multi ante occasum Maiæ cœpere,sed illos
Expectata seges , vanis elusit auenis. &c.
Haud obscura cadens misit tibi signa Bootes.
Incipe, & ad medias sementem extende prui-
　　nas
Idcirco certis dimensum partibus orbem
Per duodena Regit mundi sol aureus astra.
　　&c.

Le mesme aux premier & quatriesme de l'Aeneide, monstre le pouuoir de l'Estoille appellée Orion,

Virgile monstre que pour semer les grains, faut obseruer le cours des Astres

tant sur l'Element de l'air , que sur
celuy de l'eau,

> *Cum subito assurgens fluctu nimbosus*
> *Orion, &c.*

Cum pelago deleuit hyems , & aquosus Orion.
Ouide dict que l'influence de l'Our-
se cœleste, exerce aussi sa puissance,
sur les mers , voicy ses vers.

*10. de
trest. 6.*

> *Tingitur Occeano custos Erimentidos vrse*
> *Equoreasque suo sidere turbat aquas.*

Tous les Autheurs qui parlent
d'Arcturus disent qu'il excite ordinai-
rement la tempeste a son leuer , ou
pour le moins qu'il change fort l'air,
Plaute se seruant de cette estoille, en
vne Prosopopee la faict parler ainsi,
sachãt bien qu'a son leuer elle excite
les orages,& les pluyes.

*Plaute. in
Rudente*

> *Increpui Hybernum, & fluctus noui mari-*
> *timos.*
> *Namq; Arcturus signum sum omnium acer-*
> *rimum.*
> *Vehem ẽssum exoriẽs cum occido vehemẽtior*

Voyons ce que l'expert phylosophe
Nuyseman au commencem ent de son
traicté de l'esprit general du Mon-

de en a laiſſé par eſcrit voycy ces vers.

Des globes Ætherez pleins de feu vigoureux,
D'vn rouer ſans repos l'influence deualle
Sur le corps de la terre, & d'ardeur animale
Perce de tous coſtez ſon grand ventre poreux.
  Ce ventre, alors s'emplit d'autre feu va-
    poreux.
Sans ceſſe alimenté d'vne humeur radicalle,
Qui dans ses larges flancs, prend corps d'eau
    Mineralle
Par la conionction de son feu chaleureux.
  Cette eau coagulable engendrant toutes
    choses,
Terre pure deuient, qui en soy tient encloses.
Par tresferme vnion la vertu des hautz cieux
Et dautant qu'en effect sont conjoincts de-
    dans elle
Et la terre, & le ciel, du beau nom ie l'apelle
De ciel terrifié, tresdigne, & precieux
Or dit--Manilius. Fœlix qui ad ſidera *in Aſtro-*
    mittit. *nom.*
Sydereos oculos, propiuſque aspectat Olympū
Cognatāque sequēs mentem se quærit in aſtris
  Pline en ſon hiſtoire naturelle dict *l. 18. chap.*
que la Canicule eſt autant Conſide *28.*
rable & autāt importante qu'eſt l'vne
des ſept Planettes, pour ſa grande &
manifeſte vertu, d'autant qu'on void

annuellement qu'à son leuer, elle faict
redoubler la chaleur du Soleil ; & le
rend extremement ardent: Il attribuë
aussi tant de force a l'influence de ceste, estoile qu'il dict que des quarante
iours esquels elle regne, despend la
bonne, ou mauuaise saison du vin,
parce qu'elle brusle, ou seiche le grain
des raisins sur les cepts, & encor l'espy
des bleds sur le tuyau : Il dict encores

Pline l. 2.
cap. 4.

ce qu'il sensuit *Caniculæ exortu accendi*
solis vapores quis ignorat? cuius sideris effectus
amplissimi sentiuntur effectus ; feruent maria
eo oriente , & cum leone supra terram delato
fluctuant in cellis vina, mouentur stagna, &
canes toto spatio , maxime in rabiem aguntur.

l. 3. enar-
rat enar-
rat. 1.

Le Docte Valerio le tesmoigne aussi le pouuoir qu'ont les Astres sur les
corps inferieurs, voire mesme asseure
que le Medecin ne peut pertinément
parler de la Nature d'vne maladie populaire sans la cognoissance des mouuements celestes. *Medicus,* dit il *, non po-*
test disserere de morbi popularis Natura, nisi
prius considerauerit astrorum ortum , & occa-
sum, eorum præsertim quæ in aere, & homini-
bus, magnas mutationes efficere solent, vt ca-
nicula Arcturi , Vergilearum. &c.

Mais

Mais voyons si Platon à déclamé
contre les influences celestes, luy qui
touché du desir de la science Astrono-
mique, passa en Egipte & s'y rendir,
(ainsi qu'aux autres parties de Philosophie) si excellent & parfaict qu'il
s'acquist le tiltre de Diuin, selon que
le tesmoigne Diogene Laërtien.

In vita Platonis l. enarrat. cap. 2.

Non cela ne se peut car dit Valerio-
la. *Non sine causa Plato nobis vt inspiciamus
quid nobis cueniat ex vario cursu Astrorum,
circuitibus, reuolutionibus; & ex eorum ortu,
& occasu, vultque pro comperto haberi stellas
quasdam calorē, alias frigus inducere ; subdens
cuiuis animantium generi peculiare in cœlo
esse astrum.*

Quelque moderne Escriuain de la
Peste, à voulu prendre Aristote, aussi
bien que Platon, pour garantir que
les influences celestes fussent des
Chymeres: mais au contraire voyci ce
qu'en dit Aristote.

Aristot. lib. 2. de gener. & corrup. cap. 10. & l. 1. met. cap. 2. & l. 2. met. cap. 4. & 5.

*Venti & Pluuiæ ob solis, & siderum latro-
nes excitantur &c.*

*Mundus iste inferior, ita continens atque
conjunctus est cœlo,*

Et omnis eius virtus, per motus cœlestes

D

Le mesme Aristote en la premiere
section problematique, Probleme troi-
sielme, & en sa section 26. Problemes
12. 13. 14. dict que les Astres causent de
grandes mutations de temps a leur leuer, lesquelles engendrent ou guaris-
sent les maladies, & entre autres il marque la Canicule, les Pleiades en Orion.

Or apres auoir confirmé la verité
de nôtre argument, par l'authorité de
plusieurs Saincts, d'autres Docteurs de
l'Eglise, des Philosophes, des Poëtes,
des Creatures, ie viens a celles des Medecins, tãt antiens, que modernes qui
ont affermé que les influences cœlestes ont pouuoir d'agir sur les choses
inferieures : & afin de n'ennuyer le lecteur de trop d'authorités ie raporte-
ray seulemét le texte de quelques Medecins.

Galien donc en son premier comment, sur le premier liure qu'a fait
Hypocrate, des maladies populaires
dict, que les Estoilles apellées Cheure-
aux & l'estoille Arcturus, ne se leuent
point sans amener gresle, ou tempeste,

*Comment
1. in l. de
Morb. vul-
rib. Hypo-
crates.*

Et au comment 1. sur le premier des
Epydemies d'Hypocrate. Il marque
que la Canicule en Orion, & les Pleiades excitent les pluyes, & les vents.

Et au com. 3. du 3. des Epyd. il remarque qu'enuiron huict iours deuant le leuer de la Canicule, les vents
de Septentrion soufflent, lesquels à
cette occasion sont appellez des
Grecs πρόδρωμοι, *quasi* ~~præcissores~~ com- *πρατυεισρυχη*
me auant-coureurs des vẽts Etesiens,
lesquels en certain pays soufflent du
costé de Midy, en d'autres du costé
d'Oriẽt, cóme en Asie & en Espagne,
en d'autres ils soufflent d'autre costé,
ainsi qu'on collige des escrits d'Aristote, l. 2. Met. cap. 5. & sect. 26. pro-
blem. 53. Les curieux pourront veoir
sur ce subiect le college de Conimbre
au traicté des vents prouinciaux. Ie
retourne aux authoritez de Galien, *Gal. l. 3 de*
qui escrit ce qui s'ensuit. *dieb. decre-*
torijs.

Quæ incidunt omnibus his quæ subsistunt,
horum causam Luna habere obseruata est,
maximeque in tetragonis, & diametris statio-
nibus ea immutans; Nam si in Tauro existen-
te illa, semen concipiatur, vel partus, vel alte-
rius cuiusdam principium contigerit, Magnas

eius mutationes inuenias cum in Leone Scor-
pione , & Aquario signiferum ambiuerit.
Puis il adiouste.

Porrò illud denuo repetendum est quod nos
quoque obseruantes verissimum quoque com-
perimus, ab Aegyptijs Astronomis inuentum;
Lunam non modo ægris, sed sanis, dies quales
tandem futuri sunt posse prænuntiare : Si enim
cum planetis temperatis steterit quos etiam
salutares Latini, Græci ἀγαθοποιοὺς dicunt,
graues & molestos experietur, fingamus, dit-
il, homine quodam nascente salutares planetas
in Ariete, malignos vero in Tauro esse, is homo
cum luna in Ariete Cancro, Libra, & Capri-
corno fuerit, pulchre deget, cum vero Taurum
ipsum, vel eius tetragonum aliquod, vel diame-
trum signum occupabit malè & molestè vitam
transiget. Morborum initia huic cum Luna in
Tauro, Leone, Scorpione, & Aquario fuerit,
pessima erunt : Sine periculo autem, vt saluta-
rijs cum Arietem, Cancrum, Libram, & Ca-
pricornum permearit. &c.

Et au chap. deuxiesme du mesme
liure, il escrit ce qui s'ensuit..

Luna vt princeps non mediocris , inter So-
lem & nos, medius constitutus, terrestrem re-
gionem merito gubernare censetur, non poten-
tia modò cæteros planetas, sed vicinitate etiam

superans: crescentè eâ augmenta in corporibus sentimus, decrescentè vero, damna.

Quand à Hyppocrate, qui a tousiours esté vn temple de verité en l'Astrologie, & vn Oracle en Medecine. Soram escriuant sa vie, dit qu'il receut vne couronne d'or pesant mil escus, pour auoir presagié la peste long-têps auant qu'elle arriuast en Grece, & qu'il couppa chemin à ce malheureux venin faisant faire de grands feux par toutes les villes. Or voicy ce qu'il dit de l'influence des Astres.

L. de Aëre aq. & loc. cap. 1.

Cum temporum mutationes, & astrorum ortus, & occasus, obseruauerit Medicus, quemadmodum horum singula eueniant, præcognoscet vtique de anno qualis sit futurus, vniuscuiusque præterea temporis ac anni futuri constitutionem, prædicare poterit, qui videlicet morbi, communi affectione, ciuitatem sunt inuasuri tum estate, tum hyeme, & quæcumque pericula vnicuique timenda: hoc namque modo si quis rimatus fuerit, ac præcognouerit temporum occasiones, maxime de singulis sciet, & recta via procedet, nõ minima suæ artis gloria.

Et au chap. sixiesme. *Cæterum de annis consideratione facta quis cognoscere possit qualisnam annus sit futurus, salubrisue, an morbo-*

sus : si enim secundùm rationem fiant signa in astru occidentibus ac orientibus &c. Sic sane saluberrimum annum par est, periculosa autem sunt ambo solsticia, maxime vero æstiuum, periculosum etiam vtrumque æquinoctium, magis vero autumnale.

Et pour monstrer aux Medecins qu'ils doiuent soigneusement obseruer l'influence des Astres. Il leur a laissé cest aphorisme. 5. l. 4.

In cane & ante canem difficiles purgationes.

Car si les Medecins sans meure consideration ordonnent des medicamés aux malades lors de la Canicule, ils leurs font courir hazard de mort, dautant qu'alors l'air est si chaud par les influences celestes, que le respirãt, il fait boüillõner le sang, en sorte que ceux qui pour lors sont purgez inconsiderement, tombent souuent en des fiéures ardentes, c'est pourquoy les prudens Medecins n'vsent iamais de diagrede en ce temps chaleureux.

Guy de Gauliac dit qu'estant Medecin du Pape Clement sixiesme, & Professeur en l'Vniuersité de Montpellier l'an mil trois cens quarante cinq (estant en ce temps le S. Siege en

Auignon)& le vingtquatriéme Mars, Saturne, Iupiter, & Mars, furent en conjonction au figne d'Aquarius, & que toft apres furent efpanchez, & efpars des efpouuentables effects de mortalité , car la Pefte perdit , (fi nous croyons aux hiftoires) prefque les trois quarts du monde , & raporte ledit de Gauliac que ce fut la plus grande contagion, qui ait iamais attaqué les humains, & que celle qu'Hypocrate efcrit en fes Epidemies, ny celle qui arriua du temps de S. Gregoire, n'eftoient rien au refpect de celle-cy, dautant qu'elles eftoiĕt particulieres , & regionales , mais celles-cy vniuerfelles,& tellemĕt mõftrueufes,que la Royne Ieanne Comteffe de Prouence, ordonna que les champs, vignes, terres, & baftimens feroient donnez, moyennant ferment, en deffaut d'autres preuues, à ceux qui difoient auoir appartenu de fang, ou d'alliance aux Maiftres defdites pieces. Ainfi que Taxil dit l'auoir leu dans les Archifs de la ville de noftre Dame de la Mer.

Puis donc que tant de Saincts, &

lamitatĕ ad trium fuperiorũ planetarũ coniunctionĕ refert.

L de Aftr. cap. 8.

tant d'autres signalez personnages
tesmoignent lepouuoir des influences celestes sur les corps sublunaires,
c'est à iuste occasion que ma plume a
touché quelque chose pour leurs deffenses afin de deterrer la verité, que
publiquement on vouloit enseuelir
dans ma patrie, qui partant eust esté
infectée de cette nouuelle & erron-
née opinion.

Pugna pro patria vt ciues tuearis ab hoste
Perpetuo tege eos, tunc fit sine crimine bel-
lum
Nam ius fasque sinunt vim vi repellere
scriptis
Scripta, velut meritum merito pensare de-
corum est.

De la nature du venin de la Peste.

CHAP. 8.

DE cognoistre la nature de ce venin, *Hoc opus, hic labor est,* c'est où
ie demeure court, & maintiens que
nul esprit, pour espuré & brillant qu'il

soit, ne l'à peu asseurement monstrer,
on en dira bien quelque chose qui
voisine la raison, mais en effect tout
est douteux, & vacillant, parce que
comme i'ay prouué cy deuãt la Peste
est tousiours vn fleau de Dieu. Or est-
il que, *Iudicia Domini incomprehensibilia
& inuestigabiles viæ eius.* Ce qu'Hypocrate a bien recogneu, lors qu'il a dit
que, *In morbis est aliquid diuini.*

De la difference des Pestes.

CHAP. 9.

PVis donc que la Medecine ne
peut au certain cotter l'esséce de
cette maladie, comme elle fait des autres, chacun en rapporte ce que son
foible cerueau luy dicte; si bien que
diuers, ont forgé diuerses differences de Pestes, mais les plus iudicieux
n'en ont constitué que deux, l'vne
simple, l'autre composée: D'autres
ont dit qu'il y auoit autant de differentes Pestes, que de differentes causes d'icelles: D'autres encor ont voulu

rapporter cette difference, à la diuersité des effects de cette maladie. Ie
rapporteray les vns & les autres, tant
pour l'intelligence du Lecteur, que
pour le bien des malades, & pour l'in-
struction de ceux qui la traittent.

Donc la Peste que les plus celebres
Medecins ont appellée simple, est celle qui de son venin infecte seulement
les esprits, sans corrompre le corps,
ny les humeurs.

La composée (qu'aucuns appellent
putride) est celle qui depart son venin
aux esprits, aux humeurs, & au corps.

Les differentes Pestes qui reçoiuent leurs differences de la diuersité
de leurs causes: puis que l'vne vient
des influences celestes, l'autre des vapeurs d'eaux, l'autre des vents meridionaux, &c. L'vne s'appelle donc
Peste du ciel, l'autre Peste des eaux,
l'autre Peste des vents meridionaux,
Peste de comette, &c.

Celles qui prennent leurs differences de la disparité de leurs effects; puis
que l'vne produit vn charbon, l'autre
enfante vn bubon; l'vne attaque le
cœur, l'autre frappe la teste, l'autre in-

fecte le foye ; Elles s'appellent donc
Pestes de charbons, de bubons, de
teste, de cœur, ou de foye.

Ie sçay bien que ces differences ne
sont pas essentielles, neātmoins apres
les auoir cueillies dans le jardin des
plus fameux en la Medecine, ie les se-
me sur ce papier, parce qu'elles sont
toutes considerables ; car en temps
contagieux, il importe de sçauoir si la
Peste est simple, ou composée : si elle
vient du ciel, ou des exhalaisons ter-
restres ; ou bien des vapeurs aquati-
ques, charogneuses, &c. Si elle attaque
le foye, le cœur, ou le cerueau, afin que
le docte, & iudicieux Medecin ordon-
ne le remede approprié à la partie
plus affligée, selon la grādeur du mal,
de sa cause materielle, & de son effect. Exemple.

La Peste simple qui n'infecte que
les esprits, comme la plus pernicieuse
de toutes, doit estre combatuë par des
remedes espurez, plus puissans & plus
actifs que tous les autres, tels que sont
les derniers prescripts en nostre pratique.

La Peste composée ou putride, qui

vient du ciel; & attaque le cœur, comme estant plus veneneuse que celle
qui vient de la terre & infecte le foye,
merite des remedes plus actifs que
celle-cy, & ainsi des autres : Mais auiourd'huy (*proh dolor*) au grand detri-
ment des pauures malades, plusieurs
escriuent de la Peste, & peu entrent
en ces considerations. *Et c'est enquoy*
leur imprudence se remarque, car ils y vont les
yeux bandez comme font LES EMPIRICS
ET SOVFFLEVRS DE CE TEMPS.
qui soufflent secrettement, & en public decla-
ment contre les souffleurs, tant ils sça-
uent bien desguiser toutes leurs
actions.

Mais on dira qu'il n'est pas facile de
cotter à certain la cause de la Peste,
i'en suis d'accord, mais il en faut ap-
procher au plus prés qui sera possible;
car dit Horace.

Est quodam prodire tenus sinon datur vltra.

Et d'autant que ie traitte de la Peste
qui depuis quelque mois c'est glissée
en plusieurs villes de ce Royaume, ie
dis qu'il y a apparence qu'elle vienne
plutost des malignes influences celestes, que d'aucune cause sublunaire,

attēdu qu'elle se rend presque vniuer-
selle; car en mesme temps elle infecte
diuers Royaumes, diuerses Prouin-
ces,& diuerses villes bien distantes les
vnes des autres,ce qui ne se feroit si elle prouenoit de quelque cause sublunaire. Car qui pourra dire auec verité
qu'vne vapeur aquatique,ou quelque
exhalation terrestre aye en mesme
temps contagié l'air du Royaume de
France,& de celuy d'Angleterre, &c.
cela ne se peut facilemēt croire, quoy
que telle chose ne soit pas impossible,
car nous lisons dans les Antiquitez
qu'en ouurant vn petit coffret il en
sortit vn air si maling qu'il contagia
toute la Grece.

De sçauoir si la Peste de ce temps
nous est enuoyée de Dieu, en punition de nos pechez, c'est vne autre
question; mais l'écriture nous asseure
qu'ouy, & il le faut croire ainsi, nous
sommes assez meschans pour estre
chastiez de la sorte; car tel aujour-
d'huy paroist homme de saincte vie,
qui en son ame est vn Athée: tel bon
Catholique, qui n'a ny foy,ny loy: tel
bon Chrestiē qui en verité est vn Iuif.

*Les A-
thées, &
les Iuifs
déguisent
leurs ma-
lices, sous
des mas-
ques de
deuotion.*

O genus infandum, quin & Orci peßimâ
proles
Nunc Christum lacerans occulto , fustibus
olim.

Or toute Peste , simple ou composée , de quelque cause qu'elle vienne,
soit du ciel ou de la terre , quelque
partie du corps qu'elle puisse infecter , soit le foye , le cœur , ou le cerueau ; neantmoins c'est tousiours vn
venin aërien & inuisible, ou pour
mieux dire vn air veneneux.

————————. *Per sydera iuro*
Per superos , & si qua fides tellure sub imâ
est.

Ie pourrois confirmer cette verité
par l'authorité de plusieurs bons Autheurs , & par inuincibles raisons Phi-
losophiques , mais ce seroit donner
des armes à plusieurs qui ne s'en sçau-
roient deffendre. I'ayme donc mieux
estre Medecin populaire, que de contrefaire l'Astrologue , & ne l'estre pas,
ainsi que quelqu'vn a fait depuis peu ,
& de philosopher où il n'en est pas
besoin ; car puis que ie combats pour
ma patrie , faut que ie parle si clairement qu'vn chacun me puisse enten-

dre, afin que par ce moyen vn chacun prenne garde à foy, & fe puiffe mieux preferuer de l'air contagié.

Donc pour faire conoiftre, mefme aux plus imbecilles & foibles d'efprit, que la Pefte eft vn air veneneux & inuifible, qui les furprend & infecte lors qu'ils y fongent le moins, ie demande à celuy qui voudroit arguer au contraire.

Qui a donné le mal à celuy qui ce matin eftoit bien fain, & eft entré en la chambre du peftiferé qui y mourut, & en fut ofté hier? Il n'y a veu perfonne, il n'y a touché à quoy que ce foit, toutefois en fortant, voire mefme auant que fortir de la chambre il eft frapé de la pefte, il en meurt : Nul n'a le front affez efpais pour me nier que ce fuft autre chofe que l'air. Mais on dira que ce n'eft que le particulier air inclus en cette chambre, & que celuy de la ville, ny des champs n'eft pas veneneux : Il eft vray, mais il fe peut infecter par celuy qui eft defia infecté fi on ne luy coupe chemin par de bons, & grands feux, par de legitimes parfums, & autres bons remedes antipeſtes.

La meſme choſe arriue ſoit en ville, ſoit aux champs, lors qu'vn homme bien ſain rencontre par hazard vn peſtiferé, ſans le toucher, ſans auoir eu cõmunication auec luy, neantmoins il ſe trouue frappé du mal, qui luy a peu donner autre choſe que l'air? On dira c'eſt l'haleine du malade: Mais qu'eſt l'haleine autre choſe qu'air? Et par où a-t'elle paſſé pour aller infecter l'homme ſain? Faut confeſſer que c'eſt par l'air: C'eſt donc le *portemal*, & celuy qui neceſſairement eſt tout premier infecté.

Cette verité n'eſt que trop inuincible: mais tout ainſi qu'en la terre il ſe rencontre diuers venins dont les vns ſont plus violens que les autres, par meſme priuilege auſſi ſe forment en l'air pluſieurs eſpeces de venins qui agiſſent contre nous auec grande difference : celuy-là plus, cetuy-cy moins. Si bien que l'air deſia infecté, receuant l'haleine d'vn peſtiferé redouble la force de ſon venin, & partãt agiſt plus puiſſammẽt contre l'homme ſain qu'il ne faiſoit auparauant.

La peſte

La peste encore agiſt plus, ou moins contre nous, ſelon la difference des cauſes qui la produiſent; c'eſt pour-quoy chaque peſte ſemble differente en cauſe & en effect : mais eu égard à ſon eſſence, c'eſt touſiours vn venin inuiſible & inconneu, qui comme vn autre Prothée ſe rẽd viſible en ſe trãſ-muant ores en vn charbon, ores en bubon, en vn carbuncle, en pluſieurs exanthemes, &c. Si bien que ie pour-rois dire de luy ce qu'Horace nous a laiſſé par écrit.

Quo teneam nodo mutantẽ Prothea vultu
Diruit ædificat, mutat quadrata rotundis.

Mais vn eſprit releué ſur le com-mun me pourra demander comment il eſt poſſible que l'air qui de ſoy eſt inuiſible, ſe puiſſe conuertir en vn corps viſible, tel que le bubon, char-bon, carbuncle, exanthemes, &c. ie répondrois bien par la bouche de Lucrece.

Sic tempeſtiuis ex imbribus humida tellus
Vertit ſe primum in frondes, & pabulã
læta

In pecudes , vertunt pecudes se in corpora
    nostra
Naturam ; & nostro de pectore sæpe fe-
    rarum
Augescunt vires & corpora pennipoten-
    tum.

Mais à quoy bon cela, & autres raisons phylosophiques que ie pourrois
alleguer, elles ne seroient comprises
que de peu , & ie me suis voüé au public i'ayme dõc mieux luy faire comprendre la possibilité de cette con-
uersion, que de phylosopher, & ne luy
rien apprendre. Quiconque voudra
donc conuertir l'air inuisible en vn
corps visible d'eau, il le pourra faire à
moindre frais d'vn sol cõme s'ensuit.

Prenez du sel commun vne once,
ou ce qu'il vous plaira, calcinez-le le
mettant dans vn pot enuironné de
charbons ardans, & l'y laissez iusqu'à
ce que le sel ne petille plus, alors il est
calciné, pilesle & l'étendez sur vn
marbre, ou sur vne ardoise; mettez-la
dans vne caue sur quelque planche &
faites pancher ledit marbre, ou ardoise : sousle panchant mettez vn vais-

ſeau de verre pour ~~degouter~~ l'eau qui
degoutera en bas : ſi vous auez mis
vne once de ſel calciné, apres qu'il ſera tout diſſout, vous trouuerez ſept
onces d'eau ſalée, que la ſiccité dudit
ſel aura attirée de l'humidité de l'air :
diſtillez cette eau ſalée, par le bain, il
en paſſera ſix onces par le bec de l'a-
lembic, & au fond d'iceluy demeurera encore voſtre once de ſel, de ſorte
que les ſix onces d'eau douce ne ſont
prouenües que de l'air, l'inuiſible humidité duquel c'eſt conuertie en vn
viſible corps d'eau : laquelle tout ainſi
que ce n'eſt qu'vn pur air corporifié.
De meſme le bubon, &c. eſt vn air veneneux auſſi corporifié.

Le ſel de tartre eſtant calciné, attire
plus puiſſamment l'air, & le côuertiſt
plus promptement en eau que le ſel
commun, Et nous connoiſſons encore vne certaine matiere, laquelle par
vn tres-bel artifice, auſſi à nous con-
neu, conuertiſt en moins de vingt-
quatre heures prés de douze liures
d'air en eau.

En quelque lieu, quelque ſaiſon, &
à quelqu'heure que ce ſoit, fuſt-ce en

plain midy, au plus fort de l'Eſté, en
vne pleine, ou ſur vne montagne, meſme ſur vn clocher tãt haut éleué ſoit-
il, mais il n'eſt pas raiſonnable d'apprendre à tous cet artifice, auſſi que
cela n'eſt pas neceſſaire à noſtre ſujet.

Les moyens de connoiſtre quelle peſte regne le
plus en vn temps contagieux.

CHAP. 10.

I'Ay dit cy deſſus qu'il importe de
ſçauoir ſi la peſte eſt ſimple ou cõ-
poſée, ſi elle infecte plus le foye que
le cœur; le cœur que le cerueau ; plus
le cerueau que tout le reſte du corps,
tout cela ſe connoiſt par les effects
qu'elle produit.

Quand donc vn peſtiferé a le poux
inégal auec vne occulte (toutefois generale) foibleſſe, vne inquietude ſans
ſe douloir, vne petite ſueur au front,
(qu'aucuns ont appellée ſueur An-
gloiſe, parce que pluſieurs Anglois
ſont ainſi morts) & la mort ſuruient
inopinemént, c'eſt ſigne que la peſte

est seulement aux esprits.

D'où vient cette generale foiblesse?
De l'impureté des esprits contagiez,
qui ne peuuent à leur ordinaire relui-
re par tout le corps, à cause du venin
qui leur fait ombre comme vn nuage
espais.

D'où vient le poux inegal & chan-
celant? Du mesme venin qui fait pal-
piter le cœur. Pourquoy ne sent-on
aucune douleur? Parce que le venin
n'agist point contre le corps, ny contre les humeurs, il n'y a que les esprits
en deffense, & ils sont insensibles aux
douleurs.

Pourquoy meurt-on soudain? Parce
que le venin s'estãt rendu le maistre,
a insensiblement consommé l'es-
prit vital qui estoit le *medium coniungen-*
di inter animam & corpus. Et sur ce pro-
posie diray que.

Vnica est forma totius hominis, & singu-
lorum partium sui corporis, quæ enim anima
totum hominem facit esse hominem eadem
eius oculum facit esse oculum, carnem facit esse
carnem. Atqui cum anima tota sit ætherea
& cælestis, corpus vero merè terreum, duæ
tam diuersæ & remotæ naturæ sine idoneo ali-

*quo vinculo connecti non poterant, nec altera
alterum mouere, atque attractare potuisset.
Vinculum autem illud est spiritus innatus so-
lidæ substantiæ insidens, calore non igneo sed
æthereo, & Stellarum elemento respondente
perfusus. Hîc quantumuis subtilißimus, &
oculorum nostrorum obtutum effugiens, ta-
men corpus est, & cum corpore conuenit: qua-
tenus vero quid subtilißimum, & qualitate
cælesti donatũ est cum anima conuenit, & sic
remotas illas naturas conjungit: Id ipso autem
pestilentiali labe exstincto hominem mori
necessum est.*

C'est à dire qu'en tout l'homme il
n'y a qu'vne seule forme essentielle,
quoy qu'il soit composé de diuerses
parties : car cette ame qui fait que
l'homme est homme, la mesme fait
que l'œil est œil, que l'os est os, & que
la chair est chair. Or dautant que l'a-
me est toute celeste, & le corps entierement terrestre, ces deux diuerses na-
tures n'eussent peu s'vnir sans l'entre-
mise d'vn tiers, égallement partici-
pant de l'vn & de l'autre : ce tiers est
ce que cy dessus i'ay appellé, *Esprit vital inné au cœur*, lequel esprit est plein
de chaleur, non pas elementaire, ains

celeste correspondante à celle du Soleil & des estoilles. Mais bien que ledit esprit soit de si subtile substance que nos yeux ne le puissent voir, toutefois eu égard à l'ame il est corps ; & conuient auec le corps humain, parce qu'il est engendré d'vne matiere corporelle, dautant aussi qu'il est d'essence ~~diuine~~ inuisible, & de qualité celeste il participe en quelque façon de la nature de l'ame, si bien qu'estant égal amy des deux il les conjoint ; & cette conjonction fait l'homme, qui necessairement meurt lors que cet esprit vital est esteint par la malice du mortifere venin de la peste.

Retournons au discours d'où le vent de l'occasion nous auoit esloignez, & disons que, quand auec douleur de teste, on est phrenetic, ou endormy, ou qu'il apparoist tumeur en quelque partie du corps, ou quelque charbon, c'est signe que le mal n'est pas seulement aux esprits, mais aussi au corps, & aux humeurs.

Si ladite tumeur ou quelque charbon paroist depuis la teste iusqu'aux clauicules, ou au bout du col, c'est si-

gne que le cerueau eſt plus malade
que les autres parties nobles.

Si le bubon , ou charbon apparoiſ-
ſent ſous l'aiſſelle ; ou depuis le col
iuſqu'au diaphragme , ou à l'eſtomach; ſi la reſpiration eſt empeſchée,
& le cœur palpite, c'eſt ſigne qu'il eſt
plus infecté que le ~~cœur~~ ny le foye, &
qu'on eſt en grand danger.

Si le bubon , ou charbon apparoiſ-
ſent depuis le diaphragme iuſqu'aux
aynes, aux cuiſſes, & aux jambes, que
l'on aye grand ſoif, l'vrine rouge &
trouble, c'eſt ſigne que le foye eſt
plus malade que le cœur, ny le cerueau, & que le ſang eſt infecté, lors la
ſeignée eſt tres-neceſſaire.

---

*Des ſignes que le bubon ou charbon
paroiſtront à la teſte.*

CHAP. II.

IE ne veux rien obmettre de ce qui
eſt neceſſaire pour l'inſtruction de
ceux qui traittent les peſtiferez : ils
ſçauent qu'ils ont affaire à vn mal

tres-aigu,& tres-puiſſant ennemy,le-
quel par neuf ſignes ils prejugeront
deuoir faire paroiſtre à la teſte la viru-
lēce de ſon venin par bubon ou charbon, &c. Le premier eſt, ſi le malade
eſt trop aſſoupy de ſommeil. 2. Ou
trop importuné de longues veilles.
3. S'il a vne tres-grande douleur de
teſte. 4. Si la teſte & les yeux trēblent,
ou qu'il y aye vertige. 5. Si le patient
entre en delire. 6. S'il deuient comme
ſourd,ou qu'il luy ariue vn tonnemēt
d'oreilles. 7. S'il a le viſage fort rouge
& enflammé. 8. Si le mouuemeut de
l'artere temporal eſt plus frequent
que de raiſon. 9. Si l'vrine eſt claire,&
que la reſidence n'aille pas au fond,
ains nage en la ſuperficie.

Signes que le venin paroiſtra prés les oreilles.

CHAP. 12.

CEla ſera prejugé par quatre indi-
ces. Le patient ſera comme le-
targic, auec grande ſtupidité de tous
les ſens, grande douleur de teſte, ſur-
dité, vrine trouble.

Signes que le bubon ou charbon paroiſtront
ſous les aiſelles.

CHAP. 13.

IL y a quatre ſignes qui nous con-
duiſent à cette connoiſſance ; ſçauoir, vne grande palpitation de cœur,
frequentes ſyncopes, tres-difficile reſpiration ſyſtolé eſt plus grand que
diaſtolé, c'eſt à dire, la dilatation du
thorax n'eſt pas ſi grande pour attirer
l'air que le patient reſpire, comme la
compreſſion du meſme thorax eſt forte, pour expirer l'air qui a entré dans
ſon corps.

Signes que le venin paroiſtra aux aynes.

CHAP. 14.

CEla ſe connoiſt par ſix ſignes:
ſçauoir par vne ſoif inextingui-
ble, grand degouſt, poulx frequent,
vrine trouble & de mauuaiſe odeur,
fieure arde nte, & ſeignement de nez.

Signes de la reconualescence d'vn pestiferé.

CHAP. 15.

ON connoistra que le malade attaqué de peste recouurira sa santé, par sept signes ; sçauoir, 1. s'il dort souuent, & paisiblement. 2. Si par fois il a de l'appetit. 3. Si la fiéure n'est pas grande. 4. Si la tumeur vient bien tost à supuration. 5. Si elle est loin du cœur. 6. Si elle est rouge ou citrine. 7. Si ainsi éloignée elle est grande & large. Vn mien neveu Appoticaire demeurant à Tiffauge a depuis quinze iours guary vn pestiferé dans le bourg de Vieilleuigne, lequel auoit les signes susdits, & m'a asseuré que le bubon apparut sur la cuisse excedāt en grandeur la rondeur du fond de son chapeau.

CHAP. 16.

ILy a dix-neuf signes qui nous font préjuger le deceds d'vn pestiferé. Le premier, est vn continuel & frequent vomissement de matieres vertes, noires, cendrées, sanguinolentes, puantes. 2. Frequentes syncopes, ou autrement deffaillance de cœur. 3. Si les bubons, charbõs, carbuncles, exanthemes, se retirent au dedans. 4. Si le nez, les ongles, & les oreilles apparoissent liuides. 5. S'il suruient subitement vne hydropisie. 6. Frequents tremblemens de tout le corps. 7. Si le visage change souuent de diuerses couleurs. 8. La respiration supprimée, ou puante. 9. Charbon noir, sec, & qui ne veut point venir à maturité. 10. Fiéure violemmēt continuë. 11. Les excremens liquides, vnctueux, oleagineux, & fort infects. 12. Vrine noire, puante, plumbée, putride, & trouble *qualis est iumentorum.* 13. Sueur froide,

puante, qui ne vient qu'à la teste &
au col.14. Grande hemoragie, ou flux
de sang par le nez, ou par le bas, ou
par la verge.15. Frequente apparition
de pustulles, & soudaine eclipse d'i-
ceux se retirans dans le corps.16. Chã-
gement de couleur au visage tirant
sur le noir, plumbé, & violet.17. Si le
bubon, charbõ, ou autre venin s'atta-
che à la gorge. 18. Si le hoquet tour-
mente fort. 19. Et enfin si l'appetit est
entierement aboly.

Generaux prognosticqs de la Peste.

CHAP. 17.

I'Ay dit cy dessus que la peste auoit
diuerses causes naturelles, mais
tousiours vne supernaturelle l'IRE
DE DIEV; c'est pourquoy ie dis que
toute sorte de peste, est de sa nature,
dangereuse & mortelle. *Iudicia Domini
peßima.*

En mesme temps, en mesme lieu, à
mesme heure, deux hommes de mesme condition, de mesme aage, de mes-

me force, & de mesme temperament,
entrent dans la chambre d'vn pestiferé, ne le touchent point ; ny à quoy
que ce soit, ils ne s'en approchent
pas plus l'vn que l'autre, ils sortent
en mesme temps : l'vn est frappé du
mal, il meurt : l'autre en sort aussi sain
qu'il y auoit entré, d'où vient cela ?
comme Medecin ie suis muet, comme Chrestien trois mots à dire. *Iudicia*
Domini incomprehensibilia.

La peste attaque indifferemment
toute sortes de personnes de quelque
qualite & côdition qu'ils soient, mais
plus frequemment les pauures que
les riches, parce qu'ils n'vsent pas de
si bons alimens, & que le lieu de leur
demeure, leurs habits, ny leurs linges
ne sont pas si nets, ny si propres que
ceux des riches. Elle attaque aussi plus
frequemment, & plus violemmêt les
foibles, que les forts, les apprehensifs
que les courageux ; les cacochymes,
c'est à dire pleins d'humeurs peccan-
tes, que les sains : plus ceux qui s'é-
chauffent trop par violents exerci-
ces, que ceux qui n'en font que par
raison : plus les humides & sanguins,

que les secs : plus les femmes grosses,
que celles qui se purgent à l'ordinaire chaque mois : plus les Veneriens
que les autres, & ainsi il ne faut pas
s'estonner, si lors d'vn temps pestiferé, l'vn est plutost frappé que l'autre.
non singula morbi
Corpora corripiunt.

La raison est, parce que nul agent
ne peut produire son effet, si le patiét
n'est disposé à le receuoir ; partant
l'air pestiferé ne peut engendrer la
peste au corps, s'il n'y trouue & rencontre dedans vne matiere susceptible, idoine, & propre pour s'y loger :
Autrement durant vn temps contagieux, toutes personnes indifferemment prendroient la peste.

En tout temps, mais principalement en celuy de peste, le vent meri-
dional est plus à craindre que les autres. *Austrina constitutio grauis.*

Les lieux humides y sont plus suiets
que les secs. *Humiditas putredinem parit.*

La peste est moins frequente au
Printemps, & en Hyuer, qu'en Esté,
& en Automne. *Autumnus inæqualis, ca-*
orrespirationem auget.

Elle est plus mortelle sur la fin de
l'Esté, & au commencement de l'Automne, qu'au cõmencement de l'Esté
& sur la fin Autumnale. *Opera pluri-*
mum insalubris.

Elle est plus dangereuse en Hyuer
qu'en aucune autre saison. *Sæuior qui*
non conuenit tempestati morbus.

Elle nous pippe & nous flatte souuent les premiers iours, mais tout à
coup elle ruine les forces. *Principijs ob-*
sta serò medicina paratur.

Si quelque maison éleuée en lieu
sec & battu de la bize est infectée, le
mal est tres-cruel & pernicieux; car
auant qu'il aye peu gaigner le dedans
le debat a esté grand, & la cause du
venin forte; c'est pourquoy le malade
ou guarist, ou meurt bien tost. *Omne*
nimium naturæ inimicum, nec durabile.

Toute mort subite, toute fiéure
lente, tout vomissement, toutes fiéures extraordinaires, tout degoust de
viandes, en temps de peste, ne sont
pas sans soupçon. *Hic quæ dubia tuta.*

Mais pourquoy? Parce que la peste
est vn venin inconneu, qui se com-
munique fort aisement, tuë auec la
mesme

mesme facilité & fort promptement;
c'est pourquoy *fuge cito, longe, tarde.*

Particuliers prognosticqs de la Peste.

CHAP. 18.

LA peste est vn mal tres-aigu, & partant son iugement douteux. *Acutorum morborum non omnino tutæ sunt* Hipp. *prædictiones salutis, aut mortis.*

Encores que la peste simple ne soit pas suiuie de tant d'accidens que la composée, ou putride ; elle est toute-fois beaucoup plus mortelle & dan-gereuse ; car le venin qui n'attaque que les esprits. *Manet alta sede repostum.* Virg.

Le charbon est plus pernicieux que le bubon, ou autre tumeur, & d'vn ve-nin beaucoup plus mordicant. *Furor* Virgil. *arma ministrat.*

Le bubon, charbon, ou autre tu-meur, en la teste, ou au col, est plus dangereuse que celle de dessous les aisselles ; le bubon de l'aisselle plus que celuy de l'aine ; celuy de l'aine plus que celuy des cuisses ou des iambes.

 Ob proximitatem nobiliorum partium.

Le vomissement de sang à la peste est mortel. *Demit cum sanguine vitam.*

Quelquefois il n'apparoist qu'vn petit charbon rouge, blanc par le milieu comme si c'estoit vn petit puron, il croist peu à peu. *Et vires acquirit eŭdo.*

Le sommeil trop profond, les frequentes syncopes, & le vomissement continuel monstrent que le cerueau, le cœur, & le foye sont attaquez, & prognostiquent la mort. *Quo plures laborant partes, deteriùs.*

L'enfant malade qui est à la mammelle infectera la nourrice, & elle l'enfant, si on ne luy oste. *Abeunt cum lacte mali mores.*

Les charbons, bubons, carbuncles, exanthemes liuides, noirs, verds, qui s'en retournent sans suppurer sont mortels. *Ab extincto calore natiuo.*

Est-il meilleur de voir vn seul charbon, bubon, &c. que plusieurs? Ie réponds bon & mauuais: Si nature pousse du centre à la circonference, & que plusieurs charbons, ou bubons apparoissent, c'est vn signe salutaire: mais si cela se fait par propagation de

matiere du dedans au dehors, cela
monſtre quantité de venin : en cela le
ſoulagement, ou le contraire, font le
iugement, or en choſe douteuſe. *Satius* *Gal.*
eſt tacere quam temere iudicantem falli.

Quelquefois le charbon, & le bubon ſe forment au dedans ſans paroiſtre au dehors, alors le mal eſt totalement mortel. *A circunferentia ad cẽtrum* *Arnaldus*
motus naturæ malus. *Villanoua*

Telles ont eſté les peſtes de Lyon &
de Viennes l'an 1525. celle d'Auuergne
1548. celle de Rome, viuant S. Gregoire Pape : celle d'Auignon 1382. qui
ſe communiqua par tout, celle d'Aſie
qui ſe rendit auſſi preſque vniuerſelle,
leſquelles nonobſtant les remedes
tuoyent tant d'hommes, qu'on fut
contraint d'ouurir quelques corps, és
vns on remarqua vne ſimple inflammation des inteſtins, és autres vne in-
flamation phlegmoneuſe, ce que i'eſ-
cris afin qu'on ſ'en prenne garde, attendu qu'en diuers endroits, il y a deſia pluſieurs malades de diſſenteries, &
de teneſmes.

F ij

*Generaux aduertissemens pour se bien
preseruer de la peste.*

CHAP. 19.

LOrs que ce mortel venin commence d'attaquer vn homme ou
deux en quelque lieu que ce soit; ville, bourg, ou village: qu'on die, qu'on
fasse, qu'on cherche, qu'on trouue
tout ce qu'on voudra, il n'y a point de
meilleur preseruatif, qu'apres s'estre
reclamé à Dieu, quitter bien tost, s'en
aller bien loin, & reuenir bien tard,
vsant tousiours de remedes antipestes
quelque fuite qu'on puisse faire, la
deffiance est mere de seureté.

Mais d'autant que tous ne peuuent
quitter, faut que ceux qui demeurent
taschent de fermer les aduenuës à cet
inuisible homicide, & pour ce faire ie
suis d'aduis.

Que Messieurs les Magistrats con-
tinuant leurs loüables coûtumes à
Nantes, veillent par tout.

Que toutes les rües soient nettoyées

chaque iour, & les immodices portées bien loin dans la riuiere, sur tout
qu'on ne laisse ny chiens , ny chats, ny
autres bestes mortes dans les rües.

Qu'on allume au soir, la nuict, à l'au-
be du iour en plusieurs endroits, prin- *Aër.*
cipalement deuant les maisons pesti-
ferées , de grands feux qui durent &
flamment long-temps : Ainsi Acron
sauua Athenes, & apres luy Hippo-
crate toute la Grece.

Qu'apres auoir desairé, ou chassé le
mauuais air des maisons infectées, les
meubles & tout ce qui est dedans, que
le tout soit encores parfumé auec vapeur de souphre , parce que c'est vn
tres-grand antipeste.

Que tous en general tiennent leurs
maisons bien nettes, car la saleté infecte l'air, & attire l'air infecté.

Que soir & matin elles soient parfu-
mées auec bonnes odeurs de benjoin,
Styrax ladanũ , encens ; ou en leurs defauts auec fumées de rosmarin , sauge,
lauende, rozes , bayes de laurier , bois
& bayes de genieure.

Si l'air est trop chaud, qu'on arrose
souuent la chambre auec eau & vinai-

gre meslez ensemble , qu'on y fasse
jonchées auec nymphea ,saule, feüil-
les de vigne, acorus commun.

Qu'on éuite le serain & que les fe-
nestres soient fermées aux vents de
midy, & du couchant, ouuertes à celuy du nort & du leuant.

Et afin de ne rien obmettre pour le
bien du public, ie l'aduertis qu'en
temps de peste il est plus expedient de
demeurer continuellement en ville
que de s'en aller par interualles prendre le bon air, & retourner au mauuais : *Consueta minus nocent , consuetudo est
altera natura.*

Que deffenses soient faites de ven-
dre du bled, du vin, du sidre , ou de la
biere gastée,des viandes & des fruicts
qui se corrompent facilement , comme font les tripieres, laittieres, &
fruictieres.

Qu'on vse de bonnes viandes sans
excés; estre plus plein que vuide, c'est
à dire manger souuent, & plus qu'en
autre temps, mais sans repletion sans
se charger l'estomach de cruditez,
peu de fruict, point de laict,à quelque e
heure que ce soit, le bon appetit n'a

point de reigle.

Qu'on éuite sur tout l'eau dormante puiſée aupres des immondices, la
chair trop gardée, le poiſſon d'é-
tang trop boüeux, d'eau dormante
viſqueuſe & pleine d'immondices,
de mauuaiſes herbes, & où on fait
roüir du lin & du chanure : les fruicts
& les herbes qui viennent pres des
excremens à force de boüe & de fu-
mier ſont ſoupçonneux en temps de
peſte.

Qu'on éuite le frequent & violent *Motus &*
exercice lors d'vn temps contagieux, *quies.*
car il nuiſt, pour ouurir trop les pores,
& donner plus d'entrée à l'air infecté.

Il vaut mieux, ſans excés, dormir *Somnus*
plus que moins, parce que les eſprits *& vigiliæ.*
influent, s'augmentet par le ſommeil,
& ſe diſſipent par les ſongues vueilles.

Attenuant iuuenum vigilatæ corpora no-
ctes.

Se doit-on purger en temps de pe- *Excreta*
ſte? Ie reſponds, bon & mauuais: le ca- *& retēta.*
cochyme (c'eſt à dire plein d'humeur
peccante) ſe purgera, le ſain point du
tout; car Galien au premier chapitre

du liure qu'il a intitulé. *Quos, quibus, &*
quando purgare oportet, dit:

   Qui sano sunt corpore, hos purgare pericu-
losum est, medicamentum enim trahens cum in
corpore noxios non inueniat humores, bonos
educat necesse est.

Aduis a
ceux qui
se veulent
purger en
temps de
peste.

En la purgation durant vn temps
pestiferé, trois choses de consequence doiuent estre diligemment consi-
derées afin de ne rien faire mal à propos: La premiere, qu'on se purge doucement, plustost par plusieurs fois,
car il faut considerer les forces, qui
s'abbatent tousiours par euacuatiõs
immoderées: La seconde, qu'on adiouste tousiours vn, ou deux, ou trois,
remedes antipestes ou purgatifs: La
troisiéme, qu'on ne forte point le
iour, ny le lendemain, parce qu'il faut
reparer les forces, & reparer les esprits influents qui se sont exhalez par
l'euacuation, qui sera proportionnée
à l'humeur, à la complexion, & autres
indications, selon l'aduis d'vn docte
& iudicieux Medecin, non pas des
Charlatans, & grands babillards, que
Plutarque compare à des tonneaux
vuides contre lesquels si on frappe ils
menent

meinent vn grand bruit au contraire
de ceux qui font plus de liqueur, auffi telle forte de gens ayant leu dans
Fernel, que *Verborũ circuitibus ſtultorum* lib. 3. de
mens irretitur, l'azẽt perpetuellemẽt nõ Vrin. cap.
à autre intẽtion que pour circõuenir 18.
ceux qui leurs preſtent l'oreille : car
ſçachans bien eſtre vuides de ſcience,
ils ſe rempliſſent de vanité, qui le
plus ſouuent e ſclate par la multitude
de parolles.

Ce n'eſt pas aſſez d'auoir monſtré
qui ſont ceux qui ſe doiuẽt purger en
temps de Peſte, & ce qu'ils doiuẽt ob-
ſerueren la purgatiõ, il faut dire quels
ſont les meilleurs purgatifs, & ceux
qui nuiſẽt, Monginot les enſeigne en
ſon traitté de la Peſte, diſant que
ce ux-la ſont L'aloës, L'agaric, la Ru-
barbe, Sirop de Cichorée, point de
Caſſe, car elle humecte trop & en pur-
geãt faut deſeicher pour euiter la corruption qui viẽt touſiours d'humidité, dit encore que par meſme raiſõ Le-
lectuaire lenitif ne doit eſtre en vſage.

La cholere, les ennuis, le dueil, les *Animi pa-*
craintes, les frayeurs, les apprehen- *themata.*
ſions, & autres perturbations d'eſ-

G

prit sont dangereuses en temps de
Peste, parce qu'elle gastent le sang,
le rendent suiect à pourriture, & partant plus susceptible de la venenosité
de l'air corrompu.

Que les plus aprehensifs ne sortent qu'apres soleil leué, & iamais
sans auoir prins quelque preseruatif.

Auant sortir qu'on se frotte les narines d'huille de Succinum : les temples, le col, les aisselles, la region du
foye, de l'estomac, *& genitalia*, auec
l'vnguent *de Ouo*, cy apres d'escrit.

Estant sortis, qu'on tienne en la bouche quelque Antipeste, qu'on porte
en la main de bonnes odeurs, sur le
cœur de bons sachets aromatics, ainsi
que le tout est plus amplement spe-
cifié en nostre practique.

Plusieurs famez en la Medecine
ordonnent de porter sur le cœur de
l'Arsenic, ou du Sublimé, asseurent
d'en auoir veu d'heureux succez, mais
ils preferent beaucoup lA'rsenic au
Sublimé, parce qu'il attire plus puissamment le venin que cetuy-ci. *Simile*
simili gaudet, & natura naturam sequitur,
Ainsi le Scorpion guerist sa morsure

eſtant appliqué ſur le lieu qu'il auoit infecté de ſon venin, lequel par cette application il retire & le fait ſortir hors du corps : Ainſi la chair de vipere (baze de la Theriaque) reſiſte à ſon venin ſi bien que *venena*, *venenorum interdum ſunt alexiteria.*

Mais enfin puis qu'entre les paſſions de l'ame, l'amour n'eſt pas vne des plus petites, paſſeray-ie par deſſus ſans y toucher ? Non deuſſe-ie encourir blaſme ou haine, faut que ie le die : point ou peu.

Nam venus eneruat vires dũ ſemina fundit.

Fin du premier Liure.

LIVRE SECOND.

PRACTIQVE.

De la Compoſition des Remedes, tant preſeruatifs qu'autres.

CHAPITRE PREMIER.

EN ma precedente theorie i'ay ſuffiſamment, & aſſez clairement monſtré, que c'eſt que la Peſte, qu'elles ſont ſes forces, que la nature de ſon venin eſt incogneüe aux hommes, en quel lieu elle ſe forme au point de ſa naiſſance, qu'elles ſont ſes cauſes naturelles, qu'il y en a touſiours vne ſupernaturelle; par où ce venin entre en nous;& ay dict auſſi qu'il infectoit nos eſprits, nos humeurs, & nos corps, mais que les eſprits eſtoient touſiours les premiers attaquez, premiers aux

mains, premiers en deffence, raremēt
seuls à cause de leur forte vnion, liai-
son, & naturelle sympathie qu'ils ont
auec le foye, le cœur, & le cerueau : si
bien qu'à present il me reste pour le
secours de ma patrie de luy dōner des
armes pour armer, c'est à dire fortifier
le corps, les humeurs, & les esprits naturels, vitaulx, & animaux ; afin qu'e-
stans forts & bien munis de toutes les
prouisions necessaires , ils puissent
mieux combatre leur inuisible ennemy, tant pour luy empescher l'entrée
du corps humain que pour l'en faire
sortir, s'il est desja entré.

Donc pour dompter ce pernicieux
ennemy de nostre vie, ie luy oppose v-
ne armée de remedes que l'antiquité
& ceux qui les ont succedé, ont de
temps en temps recogneu auoir vne
grande antipatie à la nature de ce venin, & resister puissammēt à ses forces.

L'ordre de ces remedes est diuisé
en trois classes, dont la premiere contient les preseruatifs qui ferment l'entrée au mal, en la seconde sont ceux
qui le combatent , lors qu'il est entré
au corps humain : en la troisiesme sont

les Spagyrics qui le font promptemēt
fortir, & quitter honteufement la place, dont il s'eftoit inuifiblement em-
paré.

Le premier de tous, eft vn puiſſant
preſeruatif qui s'appelle Polychreſte,
c'eft vne celebre compoſition de laquelle l'inuention eft deüe, à l'indu-
ſtrie, foigneuſe, & docte experience
des rares eſprits, & grands Heros en
medecine de l'vniuerſité de Poictiers,
l'vn deſquels fut honoré du premier
tiltre de Medecin, d'heureuſe memoire HENRY le Grand.

Ce remede eft compoſé de pluſieurs
conſerues, pluſieurs confitures, pluſieurs ſucs, & en outre de quatre-
vingt-trois diuers ſimples, chacun
deſquels a ſon nom, & ſa faculté di-
ſtincte, mais preſque tous conuien-
nent en ce point, qu'ils ont vne vertu
ſinguliere de reſiſter aux venins; c'eſt
pourquoy, comme tres ſalutaire remede qui depuis enuiron vingt ans a
prins ſon origine du cerueau de tant
de bons eſprits, ie le preſente tout premier à ma patrie, pour luy ſeruir d'vne
puiſſante arme contre la peſte.

Les peres de cét Antidote le firent
en leurs presence solemnellement cõ-
poser pour y auoir recours comme les
Troyens à leur Palladium , les Drui-
des à leur Guy , les Mariniers à leur
Ancre sacrée.

Qui peut empescher ma patrie de
s'en seruir? nul ne l'ozeroit entreprendre, si toutefois quelque incensé estoit
si temeraire d'arguer au contraire de
l'excellence de ce remede, que ce soit
en ma presence & ie luy respondray,
quel qu'il puisse estre : ie suis bien asseuré que le desmenty ne demeurera
pas de mon costé, ma cause est iuste,
i'ay dequoy la maintenir, & sçay bien
comment il s'y faut prendre, graces
à Dieu.

POLYCRESTON.

Policre-
stõ est vn
mot grec
qui signi
fie autãt
que irc-
bon &
vtile à
beau--
coup de
chases.

R. rad. tunic. tormentil. penta-
phil. enul. pœon. mar. gariophyl.
acor. veri. cyper. imperator. scorzo-
ner. ligni saxaph. bac. iuniper. bol.
Blesiensis benioin. añ. ʒj. cortic.
cit. sem. contr. verm. rad. angelic.

coſt. zedoar. ſtecad. arabic. ſtec ad.
citrin. ſpic. lauendul. añ. ʒſ. ſpic.
nard. galang. gentian. irid. illiricæ.
fol. agrimon. beton. vlmar. ſcord.
verbaſc. card. benedict. ſcabioſ. ſalu.
ment. ruth. artemis. veronic. verben.
heder.terreſtris marub.alb.baſilicon.
minuti camed. camepit. abſynt.
triplic. origan. ſerpill. calament.
ſambſuc.thym. hyſſop. pinpinel. añ.
ʒiiij. ſeminum cit. card. bened. aniſ.
fœnic. petroſel. macedon. ſeſeleos,
hypperic. cardiac. napi ſylueſtris
nigel. Roman. pœon.mil.ſol.bardan.
fol.dictã.cretens. ebor.corn. cerui nõ
vſti.ſuccin. omnium ſantal.ſummita-
tum hyperic. piper. nig. piper. long.
zinzib. nuc. moſc. mac. coral. rub.
cynamom. gariophill. lign. alo. añ.
ʒij. fiat. omnium puluis tenuiſſimus
per ſetaceum tranſmiſſus.

R. Prædicti pulueris ℔j. nuc.iu-
gland.cõditarum ℔ij. ficuum & mi-
rabolan. condit. añ.Niiij.nuc. moſc.
condit. Nij. cytoniat. ʒij. conſ. roſ.
ʒj. conſ. florum. ant.ſal.viol.bugloſſ.
borag. & ſuc. liquirit.añ. ʒſ. vin. mal-
uat. vel Mederæ. ʒij. ſyr. de ſuc. li-

mon. de fuc. acetof. fyluestris, mel.
rofati colat. & defpumati añ. qf. ad ele-
ctuarij mollioris cõfiftentiam : nuces
optime contundantur cum ficubus,
myrabolanis, nuce mofcata, & cytoniat. his adde conferuas, puluerem,
fuccum liquiritiæ vino dilutum , &
fyrupos fenfim addẽdo, denique agi-
tando & per fetaceum diligenter trãf-
mittendo vt electuarium euadat mol-
lius, optime vnitum, & æquale.

Seruatur puluis feorfim per bien-
nium, fine læfione feu alteratione, &
exhibetur quoties vi majori opus eft,
Dofis eft à ℈j. ad ℈ij.

Seruatur electuarium per quinquẽ-
nium, fine alteratione, dofis eft à ℈ij.
ad . ℈iiij. ieiuno ventriculo.

Vtiliter permifcetur. epythematis,
guftu eft fubamarum.

Omni fexui, ætati, tempeftati, regioni, & conftitutioni, exceptis præ-
gnantibus conuenit.

Calorem naturalem fouet, fpiritus
auget, ventriculo, cordi, hepati, reni-
bus, inteftinis, vteroque benefacit,
humores vitiofos emendat, oris odo-
rẽ cõmendat, cruditates coquit, co-

 ctionem iuuat, obstructionibus, ver-
mibusque medetur , confert melan-
choliæ, vertegini, epyleptiæ, colico
dolori, calculo, febri quartanæ, & a-
lijsdiuturnis, suffocationi vterinæ, tus-
si antiquæ, astmati, arthritidi, omnibus præcipue morbis venenatis cõta-
giosis,,occultis,malignis, & cronicis,

Opiate Antipeste.

R. Theriac. vet. ʒij. confect. al-
kerm. ʒj. confect. dehyacynt. ʒſ. puluer. granor. heder. ʒvj. florũ sulphur.
ʒſ. vnionum præparatarum ʒiij. caphur. ʒiſ. croc. desiccati ʒi. cum syr.
de suc. acetoſ. fiat opiata.

La dose est de quatre scrupules iuſqu'à deux ou trois dragmes pour prēdre le matin auant sortir.

Diaiuniperum, tres grand preseruatif.

R. Gran. iuniper. recent.& matu
ratorum ʒiſ. fol. scord. desiccati ʒj.
rad. gentian. pinpinel. zedoar. añ ʒſ.
tormentil. dictam. cretenſ. añ. ʒij.
croc. desiccati in loco calido , sem.

synap. albi. cynamom. & caphur. añ.
ʒiiij. fiat puluis subtilissimus cui adde
specierum diamb. ʒvj. mytridat. opt.
ʒiiij. agitentur in mortario ad electua-
rij mediocris consistentiam.

Ce remede est singulier & admirable contre la peste, mesme contre les
venins, lors particulierement qu'il
faut prouoquer les sueurs; La doze est
d'vne dragme & demie.

Gelee Angelique preseruatiue
contre la Peste.

D'autant que ie sçay bien que plusieurs abhorrent le goust des opiates,
& que plusieurs aussi ne les peuuent
aualler, ie donne au public des remedes dõt l'vsage n'est pas desagreable,
affin qu'vn chacũ en puisse facilemẽt
vier pour se mieux preseruer du mal
contagieux : on fera donc vne gelee
comme s'ensuit.

R. Gallum veterem exanteratum,
& incisum ter. sigil. ver. ʒ s. mac. &
Angelic. añ. ʒ ij. caryophil. ʒ il cynamom. optim ʒ i. sacchar. albiss. ℔ s.
pimpin. Ms. florum. borag. pj. le tout

grossierement puluerisé soit mis dans
vn vaisseau de verre & le faites boüillir par douze heures au bain Marie,
puis couléz & passéz le tout, & aurés
vne gelée de laquelle on peut prendre quatre ou cinq cuillerees le matin
deux heures auant manger : les petits
en prendront moins, les valetudinai-
res & les vieux plus, la plus grande
doze à plus de vertu.

Autre Gelée.

R. Gallum veterem vt supra e-
xanteratum & incisum bol.armen.
ʒvj. Angelic. ʒiij. sem. card. ben. ʒʃ.
mac. & caryophil. añ. ʒij. cynamom.
ʒʃ.pimpi.Mʃ.florum beton.pij.florum
calendul. pi.sacchar.℔ ʃ.Faictes cuire
cette gelée comme la premiere , & y
adioustez vn peu de safran.prenez-en
ce qu'il vous plaira , deux heures a-
uant que manger.

Les Vertuz dés deux Gelées.

Ces deux gelees sont excellentes en
vertus, faciles à faire,& à prendre: lu-

ne & l'autre nourrissent, engendrent
peu d'excrements, demeurent peu en
l'estomac, passent legerement par les
veynes, diaphanisent, & viuifient les
esprits, fortifient les parties nobles &
l'estomach, aydent à la digestion, es-
purent le sang, ouurent les conduits
& les veynes, desseichent les superfluitez, domptent les mauuaises vapeurs, resiouïssent les melancoliques,
diminüent les opilations, seruent à la
ieunesse, cachexie, pasles couleurs,
font beau teint, donnent bonne ha-
leyne, font bonnes contre les vents,
consolent la memoire, & l'on en peut
vser à plusieurs heures.

Si on en veult donner aux femmes
grosses il faut oster le macis, la canel-
le, & le saffran.

Si on manque de gelée, prenez la
douziesme partie des ingrediens de
la composition.

Tablettes preseruatiues.

R. Ter. sigillat. ℥j. rad. pimpin. &
angelic. añ. ʒiij. puluer. beton. & card.
ben. añ ʒij. diamarg. frigid. cynamõ

& gariophil. añ. ʒſ. fiat puluis cui adde
ol. ſulphur. parum, ſacchar. ℔j. cum
gumm. tragag. in aq. roſ. diſſoluti: fait-
tes tablettes deſquelles on en pren-
dra vne chaque matin.

Poudre Antipeſte & propre à ceux qui ſont
enſorcelez.

R.   rut. abrotan. añ. ʒj. rad. angelic.
ʒſ. ſacchar. qſ. fiat puluis de qua capiat
ʒj. per nomen dies.

Combien que i'aye preſcript diuers
remedes pour la diuerſitè des gouſts
neantmoins il ſe peut rencontrer pluſieurs perſonnes qui ne pourront vſer
ny du Polycreſte, ny des opiates, ny
des gelées, ny des tablettes ou de la
poudre ſuſcritte: c'eſt pourquoy, puis
que ie combas pour le public, ie don-
neray encore d'autres remedes à ceux
qui auront en horreur les precedens:
ils pourront donc trouuer chez les A-
potiquaires de deux ſortes d'eaux, les
vnes ſimples, les autres compoſées, &
en prendre chaque matin pour ſe preſeruer de la Peſte.

Les Eaux simples sont

Aqua theriacal. meliss. chelidon.
maiorã.card.benedict.vlmar.calẽdul,
corn. ceru. recent. ex herba quæ dici-
tur ros solis, & nuc. iugland. La premiere & la derniere desdites eaux sont
les deux meilleures : Au lieu des eaux
on peut vser de la decoction , ou de
l'infusion, ou des sucs bien depurez,
qui sont encore meilleurs.

Eau Composée, singulier Antipeste.

R. Succorum.card.ben.℔iiij.nuc.
virid. scabios. chelidon. maior. enul.
cãpan. añ.℔ij.beton.calendul.añ.℔j.
laissez les quatre iours sur les cendres
chaudes apres y auoir adiousté ascle-
piad. totius, fol. meliss. rut. sambuc.
contus. añ.Mij. fiat expressio fortis,&
distilla ex alembico vel refrigerio.

Il en faut prendre chaque matin
vne once ou deux pour le moins, de-
mye heure auant desiuner.

Preseruatifs externes.

La peste est vn si pernicieux ennemy de nostre vie, qu'on ne peut se
trop bien munir pour luy fermer l'entree de nos corps, puis qu'elle y entre
insensiblement par les pores, & autres
canaux sus-mentionnez: c'est pourquoy apres auoir donné au public les
plus exquis remedes que i'ay peu
choisir en l'eschole Galeniste, pour
vser chaque matin auant que sortir
de chez soy, il m'est necessaire pour
ne rien obmettre au secours de ma
patrie, de luy faire part de ceux qui
sont propres à l'vsage exterieur.

*Grand Antipeste exterieur dont il se faut
frotter les temples, les aisselles, le col, la region du foye, de l'estomach, & les genitoires.*

Vnguentum de Ouo.

℞. Ouum, de quo per apicem extrahe
albumen, reple ʒj. croc-& exsicca (caue ne aduratur) dein tere crocum in
minutissimum puluerem, cui adde

rad. Angelic. & rad. petasit. in puluerem reductas an. ʒj, ol. caryophil. ʒſ. liquor. camphor. Əj. ol. cynamom. guttas decem, cum vnguento roſ. Meſuæ fiat vnguentum.

Autre pour le meſme ſujeɛt, mais de moindre vertu, & plus facile à faire.

R. ol. myr. & iuniper. añ. ʒi. ol. ſcorp. ʒſ. ol. cynamom. Əj. cum pauco vnguento roſato fiat linimentum.

Apres auoir pris vn preſeruatif interne, & s'eſtre oingt de l'externe cy-deſſus ; on peut ſortir, mais pour plus grande aſſeurãce ie ſuis d'aduis qu'on tienne touſiours en la bouche quelque Antipeſte, comme racine d'Angelique, ou des paſtils cy deſſous, & qu'on ait touſiours en la main quelques bonnes odeurs pour les flairer ſouuent.

Paſtils pour tenir en la bouche.
R. Terr. ſigill. ʒſ. rad. angel. ʒij. diɛtam. cretenſ. diamarg. frigid añ. ʒj. cyna mom. ʒſ. ſacchar. ℔ j. gum. tragag. qſ. formentur parui paſtilli.

Vinaigre Antipeste, pour flairer souuent dans vne esponge

Recipe fol-rut. Mij. meliss. ment. & sal. añ. Mj. summit. orig rorismar. añ. Ms. florum hyperic. beton. calend. ros. viol. & borag. añ. p. ij. sem. anis. & fœn. añ. ʒs. caryophil. ʒiij. mettez tout ensemble, & versez de tres-bon vinaigre par dessus, qu'il surnage les ingrediens de quatre doigts, laissez infuser en lieu chaud, ou au Soleil, huict iours entiers, le vaisseau bien bouché, afin que rien n'expire.

Poudre Antipeste, tres necessaire en temps contagieux pour porter sur le cœur.

R. Rad. angel. & gẽtiã. añ. Əs. ros. rub. Əj. irid. florent. ʒij. styrac. calam. caryophil. cynã. mac. añ. ʒjs. ment. maioran. florũ beton. stecad. añ. ʒij. camph. Əiiij. zinzib. mosc. amb. gris. añ. gr. viii. fiat puluis includendus sacculis.

Si on veut on pourra adiouster à ceste poudre des trochisques d'arsenic, mais si on y en adiouste, faut que

celuy qui les portera prenne garde
qu'ils ne se liquefient sur le cœur par
vn trop grand chaud, parce qu'ils feroient bouffir la peau comme font
les cantarides.

Trochisques d'arsenic.

R. Arsenici albi tenuissimè pulue-
risati quantum voles, cum albumine
oui, vel cum gum.tragag. In aqua ros.
dissoluti fiant trochisci magnitudi-
nis parui digiti, pone vnum si volueris in sacculo supradicto.

Quiconque vsera chaque iour des
remedes suscrits tant internes qu'externes, difficillement pourra-il estre
susceptible du mauuais air, tant fust il
pestilent ; mais cest air ne pouuant
trouuer entree dans les corps, se peut
attacher aux habits; si bien que re-
tournant au logis on pourroit l'infecter, & donner le mal aux seruiteurs,
qui peut-estre ne seront pas si bien
munis que le Maistre : toutesfois en
temps pestilentiel on doit auoir autant de soin d'eux que de nous-mes-
mes, autant des pauures que des riches,

ches ; ce sont les membres de Dieu.
Et que sçait-on s'il ne nous chastie
point de ce fleau pour n'auoir esté assez charitables enuers eux ? Ils doiuent estre traittez auec le mesme
soin, & des mesmes remedes que les
plus riches.

Affin donc, d'obuier au mal'heur
qui pourroit arriuer des habits, faut
incontinent estre de retour chez soy
les parfumer au milieu de la chambre
du parfun suyuant, ou de quelqu'autre selon l'aduis d'vn docte Medecin.

Trochisci ad suffitum.

R. Ladan. thur. styrac. calam. aromat. añ. ℥ j. puluer. bacchar. laur. iuniper. majoran. ment. añ. pij carbon.
silic. ℥ſ. fiat puluis & cum therebent.
trochisci si volueris.

CHAPITRE DEVXIESME.

APRES auoir donné au public des aduis generaux,& prescript des remedes particuliers, tant internes qu'externes, pour se preseruer de la Peste, ie veux maintenant monstrer les vrais sentiers qu'il faut tenir, pour methodiquement & iudicieusement traicter ceux qui sont affligez de ce mal.

Que donc ils nous escoutent auec soing,& ceux aussi qui les assistent,car à grand peine trouueront-ils ailleurs vn ordre si methodic que le nostre,ny des remedes recherchez auec pareille curiosité que ceux que nous escriuõs: entre tous lesquels i'asseure (& le peux faire ainsi) qu'entout le monde il n'y en a point vn esgal à celuy qui termine ce petit traicté.

Generalles Ratiocinations pour bien traicter
& guarir les Pestiferez.

La premiere medecine, c'est la spirituelle, de recourir à Dieu, esperer en

luy, mediter en son Fils qui a beu le
fiel de nos miseres, pour nous arroser
des douces eaux de ses graces. Que
nos prieres soient portées au Ciel de
nostre Zenit : & que le cœur contrit,
& humilié, soit la victime pure, &
nette:& son odeur la viue flamme,qui
deseiche & consomme la peste du peché, lequel pis qu'vn air pestiferé,
nous donne la mort & la contagion
temporelle, & spirituelle : donc

Quære Deum primo,calida qui iustus in ira,
Nos solet humanos sontes,hoc perdere telo.

Incontinent apres que le Medecin
& le malade se serõt reclamez à Dieu:
faut que le Medecin aye premierement esgard à quatre choses.

La premiere de fortifier les partyes
nobles de son patient,le foye,le cœur,
& le cerueau.

La seconde,de luy ordonner vn bon
regime de viure.

La troisiesme, d'esuacuër les humeurs p laxatifs,ou seignée,en tẽps
& heure,selon qu'il sera necessaire.

La quatriesme, de bien ordonner
ce qu'il faut pour guarir les bubons
charbons, ou carboncles qui paroi-

stront sur les corps pestiferez.

Si ces choses sont aussi exactement obseruées dans les villes comme il est necessaire, comme elles se font curieusemeut recherchées, & metodi_ quement ordonnées, le public en re_ ceura du contentement.

Par quels remedes on peut fortifier les parties nobles d'vn pestiferé.

On peut fortifier vn malade atteint de Peste, par neuf diuerses formes de remedes, sçauoir par potions cordial- les, conserues, opiates, condits, ele- ctuaires solides & liquides, epythe- mes, sachets, & parfums pour corri- ger l'air, De sorte qu'aussi tost auoir veu vn pestiferé, faut luy faire pren- dre quelqu'vn des Antipestes suscrits & souscrits, luy appliquer des epy- themes solides ou liquides sur le cœur. & sur le foye, continuer cette methode les quatre premiers iours, ou pour le moins trois, auant que son- ger aux purgatifs, ny à la seignée. La raison pourquoy on doit proce- der en cette sorte est que la corrup-

tion des humeurs , n'eſt pas tant à
craindre que le venin de la peſte, lequel pourroit eſteindre la chaleur natiue, & l'eſprit vital, pédant qu'õ s'a-
reſteroit à euacuer l'humeur putride,
ioint qu'il eſt impoſſible de purger vn
corps malade , ſans diminution de ſes
forces & euacuation des eſprits ; tou-
tes-fois en cette maladie il eſt tres-
neceſſaire de les augmenter.

Regime de viure pour les peſtiferez.

Faut que celuy qui eſt aupres d'vn
peſtiferé remarque attentiuement
l'augmentation & la diminution du
mal, qui ſe font chaque iour ; ne luy
donner aucun aliment en l'augment,
mais touſiours lors de la diminution.

Les viures ſont viandes de bon ſuc,
de facile diſ-geſtion , iamais de pain
fraiſchement cuit, le plus blanc & le
plus leger eſt le meilleur : Iamais de
deux ſortes de viandes, car la varieté
des viures dãs vn eſtomac debile n'é-
gendre que des putrefactions : Mais
auſſi, peu de malades peuuent-ils vſer
d'aucunes viandes , il les faut donc

traiter auec consommez, gelées, or-
ges mondés, amendés, panades, pref-
sis, bouillons au beure preparez auec
buglosse, bourache, vinette, scabieuse
laictües, cerfueil, pimpinelle, fleurs
de soucy, lysimache autrement pe-
stifuge.

Le breuage ordinaire sera d'vn petit vin blanc bien trempé, parce qu'il
n'eschauffe pas, & repare les forces,
Lib. de ioint (si Galien en est creu) qu'il ex-
victus cite les vrines, & les süeurs, par les-
ratione quelles nature faict souuent sa crise.
in mor-   Entre les repas qu'il boiue des eaux
bis acu- cordiales.
tis,

Potion cordiale Antipeste , & corro-
boratiue.

R. Aq. nuc. iugland. ℥iii. theriac.
vet. ʒj. puluer. rad. petasites ʒs. syr. de
suc. acetos ℥i. fiat dosis detur mane &
sero, vel capiat æger coclear vnum
aq. theriacalis: tectus sudet.

Poudre Antipeste, & corroboratiue.

R. Bol. armen. loti & præparati-

cynamom. añ. ʒſ. rad. vel fol. dictam
Cretenſ. pimpin. tormentil. gentian.
añ. ʒſ. ſem. mali citri acetoſ. ocym. añ.
ʒij. ſantal. omnium añ. ʒjſ. zedoar.
ſcord. raſ. ebor. vnionū prẹparatarū,
ſaphyr, oſſ. de cord. cerui angelic. añ.
ʒj. vnicor. Əi. fiat puluis per ſetaceum
tranſmiſſus, cuius doſis eſt à ʒj. ad
Əiiij. plus minus pro ratione ætatis &
virium.

Au temps d'Eſté faut meſler la ſuſ-
dite poudre cum ſyr. de limon. de gra-
nat. aut de ſuc. acetos. ou bien auec
des conſerues de bugloſes, de roſes,
de ſcabieuſe.

En Hyuer on la peut donner auec
vn peu de vin, ou auec des conſerues
de fleurs de betoine de ſauge, de ſte-
cas, lors principalement qu'on a de
grandes douleurs de teſte.

Opiate Antipeſte, & corroboratiue.

R. Theriac. vet. ʒj. mitridat. ʒvj.
conſ. florum bugloſ. borag. roſ. & ci-
cor. añ. ʒſ. lætificant. Gal. ʒiiij. rad. angelic. & petaſiſtes añ. ʒij. terræ ſigilla-
tæ ʒj. cum ſyr. de ſuc. acetos. fiat opia-

ta de qua vtatur mane & vesperè, ad
molem auellanæ.

Condit Antipeste & corroboratif.

℞. Vnionum præparatarũ ʒſſ rad.
petasit. ʒiiij. rad. angelic. ʒij. puluer.
diamb. de gem. & exhilarant. Gal. añ.
ʒſ. mitridat. ʒvj. conſ. florum cichor.
& viol. añ ℥ſ. theriac. vet. ʒij. facchar.
qſ. fiat conditum auro coopertum, de
quo capiat coclear vnum mane & ve-
ſperè.

Epytheme liquide pour le cœur.

℞. aq. Scabioſ. ℔j. ther. vet. ℥ſ. puluer. diamarg. frigid. & exhilarant. Gal.
añ. ʒij. acet. roſati parum; fiat epithema applicandum regioni cordis, è
panno ſcarlatino.

Epytheme ſolide pour le cœur.

℞. Conſ. florum viol. ℥j. theriac.
vet. ℥ſ. mitridat. ʒij. puluer. diamb. ʒj.
fiat epithema.

Epitheme liquide pour le foye.

R. Aq. cichor. ℔i. puluer. diarod.
abat. ʒij. diatriaſantal. ʒj. miſce fiat
epithema applicandum regioni he-
patis.

Epitheme ſolide pour le foye.

R. Conſ. florum cichor. ℥ij. puluer. aromat. roſati ʒij. puluer. diarod.
abat. ʒj. fiat epythema.

Comment & quand il faut purger les
peſtiferes.

Apres auoir les trois ou quatre
premiers iours fortifié les malades,
tant par bons alimens que par remedes corroboratifs & Antipeſte, faut
eſuacuer ce qu'on pourra des humeurs corrompuës, auec le moins de
violence qui ſera poſſible, de crainte
qu'vne grande éuacuation ne diſſipe
les forces & les eſprits que nous de-
uons conſeruer auec ſoin : *Euacuatio-*
nes , non copia aut magnitudine exiſtimari
debent, ſed ſi talia eiiciantur qualia oportet.

I'ay en ma theorie enseigné quels
estoient les plus asseurez purgatifs en
temps contagieux, on y pourra auoir
recours & en vser selon qu'il sera necessaire , ou bien se seruir d'vne teinture purgatiue de la description de
Monginot, meslant tousiours parmy
les purgatifs vn remede Antipeste.

Aduertissement.

Il arriue rarement que les pestiferez soient exempts de vers, c'est pourquoy il sera tres à propos de mesler
parmy leurs potions cordiales, & autres remedes tant corroboratifs que
purgatifs, quelque peu de la poudre
suiuante.

R. Sem. santonic. in aceto infusi ʒj.
bol. armen. ʒſ. dictam. cretenſ. tormentil. beton. coriand. præparati,
margarit. præparatarum, sem. cit. &
pimpin. zedoar. enul. campan.añ.ʒij.
corn.cer.fragmentorum saphyr. hya-
cint.añ ʒſ.coral.rub.Əij.setæ combu-
ſtæ , oſſ. è cor. cer.raſ. ebor'añ.ʒſ.vni-
corn.Əj.succin.Əſ.fiat puluis.

Si ceste poudre est donnee auec de

la conserue de fleurs de pescher, *præ-
stabit miracula.*

Comment il faut traiter les bubons.

Incontinent que les bubons commencent à paroistre, tous les anciens & la plus-part des modernes, ordonnent de promptement leur aider à sortir tant par medicaments attra-ctifs que par ventouses : car encore qu'ils ne viennent point sans inflammation, neantmoins elle n'est pas si dangereuse que le venin pestifere, lequel consequemment faut plustost tirer hors, que de s'amuser à temperer ladite inflammation par fomentations de camomille, melilot, & autres, comme quelqu'vn a escrit.

Le Medecin ne doit-il pas suiure les mouuements de la nature, & luy aider à les paracheuer lors qu'elle en a besoin ?

Puis donc que pour chasser le venin pestifere hors du corps, elle commence vn bubon, pourquoy ne luy aiderons-nous pas promptement à le faire sortir? *In acutis tardare, malum* (dit Hyppocrate.) Si pendant que nous se-

rons amusez à temperer l'inflammation, le venin rentre au dedans, c'est
faute d'auoir suiuy le mouuement de
nature, qui nous monstroit ce qu'il
falloit faire, lors le malade ne peut
esuiter le mort : *A circonferentia ad cen-*
trum motus naturæ lethalis. Qui en sera
cause? nostre procedé. Il vaut donc
beaucoup mieux sauuer la vie au malade en luy faisant du mal, que de le
laisser mourir en le flattant.

Si donc le bubon paroist en quelque lieu où la ventouse puisse estre
appliquee, il la luy faut mettre promptement; & si tost qu'elle sera ostee,
appliquer sur le bubon quelqu'vn
des attractifs suiuans.

R. Diachil. mag. ʒjſ. ammoniac.
galban. an. ʒi. misce fiat emplastrum,
quod super alutam extensum admo-
ueatur buboni.

R. Ferment. acerrimi, medull. pas-
sular. an. ʒi. sal. ammoniac. & ficuum
an. ʒſ. ol. camom. qſ. fiat emplastrum.

Autre.

R. Far. fab. hord. & orob. partes
æquales coquantur in oximelite.

Autre attractif maturatif, & suppuratif.

R. Fic. n. 10. rad. irid. cæparum li-
liorum alborum añ. ʒiii. synap. ammoniac. bdel. añ. ʒſ. galban. ʒi. fermēt.
ʒiſ. sterc. columb. dictam. & tormentil. añ. ʒiſ. butyri recentis qſ. fiat cataplasma.

Autre tres-admirable.

R. Fol. tapſ. barbat. M. ii. pistentur
in mortario cum vino albo, posteà in
magno alio mortario eiusdem herbæ
sine vino pistentur, misceantur, folio
includentur, & intra cineres coquantur, & postea calidè applicentur, statim vomicam aperiunt.

Idem præstant folia ari recentia,
tusa, & buboni imposita, nec par ha-
bent remedium.

Potion admirable pour faire sortir les bubons.

R. Cort. median. geniſt. ʒi. contu-
ſa & macerata in vino albo per no-
ctem, mane expreſſa & pota potenter

foras expellit bubonem.

Cataplasme.

R. Rad. vit. siluest. sigil. beat. mar.
florum genist. añ ʒiiii. succorum pimpin. vlmar. & scabios. añ. ʒii. far. lu-
pin. & seminum genist. añ. ʒis. theriac. vet. & mithrid. añ. ʒj. mel. anthos.
ʒiiii. fiat cataplasma qui buboni ad-
moueatur tãdiu donec pus appareat,
& statim aperienda erit vomica.

Mundificatif des bubons ouuerts.

R. Suc. apij & absynt. añ. ʒii. mel.
opt. ʒis. far. hord. & tritic. añ ʒiiii. coquantur simul & applicentur.

Autre mundificatif pour les delicats.

R. Vitella duorum ouorum, olei
rosati ʒii. far. tritic. orob. & hord. añ
ʒii. subigantur in formam cataplas-
matis, & applicetur vomicæ apertæ.

Incarnatif.

R. Succorum plantag.apij pimpin.
beton. agrimon. verben. scabiof.lyſi-
ſimachi. lanceol. añ. ℔iſ. picisreſin.
& ol.oliuarum añ.℔ſ. coquantur ſin-
gula igne lento, addendo ſub finem
cer.qſ.

Comment il faut traiter les Antrax.

Tout incontinent qu'il apparoiſt
quelque charbon , faut dés l'heure
meſme appliquer deſſus les ventou-
ſes, faire des ſcarifications profondes,
dans leſquelles faut mettre de l'egi-
ptiac. de l'apoſtolorum, ou l'vnguent
de apio. Et pour faire eſcarre , y
appliquer des fueilles d'aron re-
centement pilees, puis apres du beur-
re frais , ou des iaunes d'œufs battus
auec huile roſat.

Les iaunes d'œufs meſlez auec du
ſel,& appliquez ſur l'antrax, l'ouurēt,
& appaiſent la douleur , reſiſtent à la
putrefaction à cauſe du ſel.

Defensif pour empescher que Lantrax s'esten-
de en longueur, ny en largeur.

R. Fol. plantag. & morel. añ. M. ii.
far. lent ℥i. panis furfuris ℥vi. coquantur omnia in aceto fortissimo, pistentur, & parti dolenti circumponantur.

Idem præstant mica panis in aceto
fortissimo macerata, aut bolus arme-
na cum aceto, vel oleo incorporatus.
Ius quoque scabiosæ id miraculosè
præstat, herbaque quam cynoglos-
sum vocant.

Ceux qui sont affligez de la Peste
ont le plus souuent des accidens aussi
dãgereux que le mal mesme, ausquels
si on ne pouruoit & preuoit, ils font
miserablement mourir le patient.
Les principaux & plus considerables
sont cinq, le premier desquels est vne
extreme douleur de teste, qui est ordi-
nairement accompagnee ou d'vne
impuissance de trop dormir, ou d'vn
sommeil trop profond. Le second est
vn vomissement continuel. Le troisiesme vn cardiogme (en François, excessiue douleur d'estomach.) Le quatriesme est vn flux de ventre immo-
deré:

deré : & enfin le dernier, vne foif in-
extinguible. Contre chacun defquels
fymptomes ie prefcris des remedes fi
puiffans, que ceux qui les cognoiffent
pourront affeurer le public, que ie
n'ay rien oublié pour bien defendre
ma patrie contre le venin de la Pefte.

Pour combatre & abatre la douleur de tefte accompagnee d'vne im-
puiffance de dormir, empefcher les
vomiffemens, & appaifer le cardiogme, ie ne puis (car ie ne le dois pas faire) prefcrire aucun remede preparé
felon les preceptes de Galien, d'autāt
que ie fçay bien qu'il n'y en a aucun
(tant foigneufement foit-il preparé)
qui le puiffe faire promptemēt comme il faut en cefte maladie aiguë; *In
acutis tardare, malum*, dit Hyppocrate.

C'eft pourquoy ie remets cela en
nos remedes fpagiriquement preparez où l'on en trouuera de fi parfaits,
qu'en vn moment ils appaiferont le
vomiffement tant fafcheux foit-il,
d'autres qui en moins de demie heure appaiferont tres-indubitablement
le cardiogme, d'autres qui en moins
de deux heures appaiferont la dou-

leur de teste , procureront le sommeil , & tous agiront en fortifiant le
malade.

Ie suis asseuré de ce que i'escris, ie
l'escris pour le sçauoir bien ; ie le sçay
par raison & par experiëce, qui sont
les deux flãbeaux de la Medecine: *Duo*
sunt faciendæ Medecinæ lumina tam necessa-
ria , Vt horum altero citra manifestam sani-
tatis iacturam, Medicus carere non possit, ra-
tio & experientia: per se naturaque sua fal-
lacem experientiam ratio regit, rationem Vi-
cissim experientia confirmat.

Il me reste donc en ce lieu d'escrire
des remedes pour arrester les flux de
ventre immoderez, & la soif excessiue
des pestiferez, lors que tels sympto-
mes leur arriuent.

Remedes internes contre le flux de Ventre.

R. Theriac. vet. & confect. de hya-
cinth. ãñ. ʒſ. coral. rub. Əij ter. sigill.
Əj. fiat bolus quem deglutiat summo
mane, longè à cibo, iteretur sero &
quoties opus fuerit.
Ou bien.
R. Bol. armen. veri ʒj. coral. rub. ʒſ.

ſyr. de roſ. ſic ℥j. aq. plantag. ℥iiij. fiat
potus, &c.

Ou bien.

R. Lact. vaccin. vſtulati ℔i. ſem.
hyocim. ℥ij. vitell. ou. Nij. mel. roſati
col. ℥j. fiat enema bis aut ter iniicien-
dus qualibet die.

Remedes contre la ſoif.

R. Aq. coctæ ℔ii. vini granati ʒviij.
acet. alb. ʒiiij. ſacchar. albiſ. ʒviij miſ-
ceantur, & clarificentur.

Loco aquæ puræ addere poteris
aquam roſarum, ſi ægri palato arti-
deat.

Poteſt & ſedari ſitis frequentiori
vſu ſyr. de acetoſ. cit. de limon. de ſuc.
acetoſ. & ſimilibus.

Siſrupus Alexandrinus cæteros
omnes antecellit.

c ij

Troisiesme Classe des remedes Antipestes.

CHAP. III.

LES remedes cy-deuant, en la forme & maniere qu'ils sont or-donnez, ont tous veritablement pou-uoir d'empescher l'entree du corps humain au venin de l'air pestiferé, & de le faire sortir s'il est entré, les vns plus, les autres moins, selon les forces & l'habitude de ceux qui en vseront; & en outre peuuent fortifier les par-ties nobles, & multiplier les esprits naturels, vitaux, & animaux. Ce neãt-moins pour agir promptement, sub-tilement, & multiplier asseurément cest effect auec viuacité, estre plus agreables au goust, donner moins de peine à l'estomach, ils deuroient estre raffinez, espurez, & preparez par la chimie, laquelle peut & sçait separer ceste vertu antipeste & corrobora-ti-ue de son terrestre corps, qui la tient cõme engagee & emprisonnee. Que si l'art Spagiric ne la deliure de cet-

te terrestre prison, tant que ce soit l'e-
stomach, de celuy qui auallera toute
ceste pesante masse dans laquelle la
vertu antipeste & corroboratiue est
enfermee.

Mais si ceste vertu est extraite par
art, alors les remedes se fondent legerement en liqueur dans l'estomach,
& passent viuement par les veines, &
conduits insensibles ; voire mesme
exterieurement appliquez, penetrent
par les pores, & vont aussi tost iusques
au centre des parties nobles.

Ceste vertu estant toute spirituelle, ne peut estre separee de son corps
que par le moyen d'vn esprit, lequel
rēcontrant elle l'embrasse, *Simile simi-*
li gaudet: & elle se separāt de son corps
se joint auec cest esprit, s'en va auec
luy, *Natura naturam sequitur.*

Mais ceste conionction d'esprits
n'est point si forte, que l'vn ne se puisse separer de l'autre par le mesme art
qui les auoit vnis. Il n'y a que les ames
candides qui animees de la verité, &
emportees comme d'vn enthousias-
me par la meditation des spacieux se-
crets de la nature, peuuent auoir les

plaiſirs de voir ces conionctions &
ſeparations : auſſi ſont-ce des chefs-
d'œuures, qui ne ſe laiſſent pas ma-
nier à tous, ains deſirent vne main
fort induſtrieuſe. Dieu vueille que
pour le bien de ma patrie il s'en trouue quelqu'vne qui ait auſſi bonne enuie d'apprẽdre que moy d'enſeigner,
de diſtribuer tels remedes, que moy
de les ordonner. Ils ſont autant inco-
gneus aux ignorans, que neceſſaires
au public : Mais d'autant qu'ils reſ-
ſentent la Spagirie, les ennemis de ceſte ſcience, & mes enuieux diront incontinent que ie ſuis vn EMPIRIC,
& Souffleur de ce temps.

Eſprits malins, qui ſous le maſque
d'vn beau ſemblant cachez vos hy-
pocriſies : Cajoleurs qui ne ſçauez que
diſcourir, taiſez-vous, *Verborum circui-*
tibus ſtultorum mens irretitur : Laiſſez-
moy defendre ma patrie comme il
faut.

Fernel.
l. 1. de
vrinis
c. 3.

De ſoufflerie ne ſçay que c'eſt, i'aime mieux acquerir de l'honneur, des
amis, & des biens par mes eſtudes &
labeurs, que de me ruiner en ſoufflãt:
Dij laboribus omnia vendunt. Or ceſtuy-là

est vn Empiric qui s'ingere de donner des remedes dont il ignore la vertu, le naturel du malade, la cause, le siege, & l'espece du mal; mais ma precedente Theorie me separera tousiours facilement d'auec ceste canaille, & ma presente Pratique tesmoigne assez que si i'entends bien Paracelse, ie n'ignore pas Hyppocrate.

Causeurs, n'en dites pas tant, & faites mieux; laissez-moy defendre ma patrie comme il faut. Ne sçay-je pas bien que les gousts sont differents? L'vn aime le doux, l'autre veut l'amer: la nature n'est belle que par sa varieté. Ne faut-il donc pas que celuy qui combat pour le public contente les vns & les autres? C'est le blanc où ie vise, peignãt sur ce papier deux sortes de remedes. Les premiers preparez selon les preceptes de Galien, les derniers au desir de Paracelse. Chacun eslira ceux qui riront le plus à son goust: mais pour bien defendre ma patrie, ie luy dois donner ces deux diuerses armes: diuerses? non; ce ne sont que mesmes choses, mais diuersemét preparees. Le couteau & la lancette

ne sont que fer ; mais il est plus subti-
lement preparé en l'vn, plus grossierement en l'autre. C'est le propre de
l'ignorance que de voler bas, au contraire de la vertu qui guinde son vol
sur les plus hauts estages de la nature;
les remedes Spagirics ne sont blas-
mez que des ignorans, les doctes les
ont en estime.

Comment on peut separer la vertu Antipeste
du corps des Vegetaux qui la contiennent.

TOVT ainsi que les Teinturiers separent la teinture du bois de bre-
sil, par le moyen de l'eau commune dans laquelle ils le font boüillir
apres l'auoir couppé en menuës par-
celles, & que ladite teinture demeure
dans l'eau ; de mesme aussi peut-on
auec moins de peine separer les teintures antipestes, c'est à dire les vertus
encloses dans tous les corps qui contiennent en eux vn occulte pouuoir
d'agir contre l'air malin & pestifere.
Cela se peut faire par plusieurs eaux,
& par diuers moyens, mais ie me con-

tenteray d'en monstrer vn , & vne eau
tant seulement, comme la meilleure
& plus briefue operation.

Prenez donc vne once de la poudre
qui sert de baze au polycreste, ou autre telle poudre, ou tel corps antipeste
qu'il vous plaira, mettez-le dans vn
matras à long col , & versez dessus
trois onces de tre-bon esprit de vin
rectifié à perfection , bouchez tres-
bien le vaisseau que rien n'expire, lais-
sez-le trois iours entiers sur lathanor
en chaleur d'hypocauste , lors ledit
esprit aura tiré à soy toute la vertu
antipeste de ladite poudre, qui ne
peut plus seruir de rien , sinon qu'on
en peut encores retirer le sel.

Ce faict versez l'esprit de vin dans
vn alembic, adaptez-y vn recipient &
luttez bien les ioinctures , distilez à
tres-lente chaleur du bain marie, ledit esprit montera tout , & laissera
au fond de la cucurbite la vertu antipeste, ny plus ny moins que la teinture des teinturiers demeure dans le
drap qui a bouïlli dans l'eau teincte,
laquelle eau en fin se separe entierement du drap & de la teinture.

Si on veult separer la vertu des o-
piates, des electuaires, tãt solides que
liquides, faut mettre neuf parties de
menstrual susdit ou esprit de vin sur
vne partie de corps & proceder comme dessus. Cette vertu antipeste ainsi
separée de son terrestre corps, estant
iettee dans l'estomach humain, agira
beaucoup plus promptement & plus
puissamment qu'elle n'eust faict auparauant, aussi n'en faut il prendre
que la dixiesme partie de ce qu'on
eust prins auant cette separation: elle
se peut prendre dans du bouillon,
dans du vin, ou dãs vne eau cordialle,
elle n'est n'y de mauuaise couleur, ny
de mauuais goust, ains tres-agreable
à prendre, si on ne veult se seruir de
l'esprit de vin, on peut prendre quelque eau cordialle, ou de l'eau de rosee
distillee, rendüe aigrette par le suc de
limons, ou de berberis bien purifiez,
ou mieux auec l'esprit de sel cõmũ ou
d'esprit de vitriol, ou aigret de soul-
fre qui ont des singulieres vertus d'attirer les teintures, resister aux venins,
empescher la putrefaction des humeurs & fortifier les parties nobles.

Elixir souuerain Antipeste.

PRenez des fleurs de souffre spagiri-
quemét preparees trois onces, versez dessus l'essence des grains de genieure, qu'elle surnage de trois doigts;
esséce de succinum ou ambre jaune
la quatriesme partie de celle de genieure ; faites infuser cela sur les cendres chaudes, remuant souuent auec
l'espatule, afin de faire lentement dis-
soudre les fleurs, meslez cela auec autant de teinture theriacale extraite
par l'esprit de vin en la maniere que
i'ay monstré cy-dessus ; adioustez y
vne once d'extraict de racine angelique, vne once d'extraict de racine petasites, & faites circuler cela par qua-
torze iours, *Habebis arcanum quod in pe-*
ste, & morbis epidimicis, ex Dei benignitate,
ad miraculum operari solet.

Les vertus, l'vsage, & la dose de l'elixir pestilentiel.

C'Est vn preseruatif, & curatif de la peste, sa dose sont deux gout-tes tant seulemēt dans du vin pour en prēdre tous les matins: mais si l'ō n'en veut vser que quelque fois la sepmai-ne, faut en prendre huict ou dix gout-tes à ieun, & attendre la sueur: Cét eli-xir preserue les humeurs de toute pu-trefaction, & ne permet que rien d'impur demeure dans le corps.

Celuy qui sera frappé de la Peste, en prenne dés le commencement vn scrupulle, ou deux, dans du vin, ou dans du vinaigre, ou dans quelque eau cordialle, il suëra promptement, & ce remede chassera puissamment le venin hors de son corps, & seruira plus tout seul, que tous ceux qui sont prescripts cy deuant.

Autre elixir pestilentiel plus aisé à faire.

R.   Aq.vit.ter rectificatæ mensu-ram vnam, theriac. opt. ʒvi. mirr. ele-

æx ʒij. rad. petasitis ʒj. s. sperm. cet.
ter. sigil. & hyrundinar. añ.ʒj. dictam.
alb. pimpin. valerian. añ. ʒij. camphor.
ʒj. hæc incisa & contusa misceantur.

Prenez de cette composition deux
parties, d'esprit de tartre trois fois rectifié vne partie, meslez-les ensemble
& gardez le tout pour vous en seruir.

L'vsage, la dose, & les vertus.

Les sains en prédront tous les quinze iours vne dragme dans du vin
blanc, ils suëront, & ne boiront ny ne
mangeront de deux ou trois heures
apres ladite prinse, qui est grande-
ment preseruatiue.

Les pestiferez en prendront promp-
temét, & s'ils peuuent estre à temps,
que ce soit douze heures apres estre
touchez, leur dose sera vne cuilleree
dãs trois cuillerees de vin, ou de quelque eau appropriee, comme celle de
noix vertes: qu'ils suënt long-temps,
& soient six heures sans boire ny
manger. S'ils ne guerissent dés la premiere prinse faut la reïterer, seló qu'il
en sera besoing.

Comment il faut auoir l'esprit de tartre.

Prenez du tartre de vin blanc, la-
uez-le, & le desseichez, pilez-le & le
mettez dans vne retorte de terre cuit-
te en graiz, adaptez y vn grand recipient, luttez les ioinctures que rien
n'expire, & distilles selon l'art, donnant sur la fin vn tres-grand feu, l'esprit du tartre passera auec son huille,
separez-les par la distillation du bain
& rectifiez l'esprit pour vous en seruir
à l'elixir que dessus.

Remede tres-asseuré pour appaiser les excessi-
ues douleurs de teste, & procurer le
sommeil aux pestiferez, &
autres qui ne peuuent
dormir.

℞. Santal. rub. & citrin. añ. ℥ j. mac.
galang. piper. long. & nig. lign. alo. cynamom. gran. parad. añ. ʒ iiij. fiat
puluis: Versez sur cette poudre trois
fois son pesant d'esprit de vin, & en
tirez la teinture à la maniere que dessus, gardez l'a iusques à ce qu'en ayez

affaire, puis tirez auſſi à part la teinture de mirrhe rouge & de mommie.

Prenez de ces teintures de chaſcu-
ne trois onces, meſlez-les enſemble,
& y adiouſtez deux onces de ſoulfre
anodin extraict du vitriol, & vous aurez vn tres-aſſeuré medicament pour
ce que deſſus, lequel meſlé auec huille de camphre eſt le ſouuerain remede des Epileptics : Harmanus &
autres celebres autheurs, ont en tres-
grande eſtime cette compoſition,
que ſi elle vous ſemble de trop diffi-
cille preparation , vous pouuez en ſa
place ſubſtituer le *Nepentes* deſcript
en la Pharmacopee de *Quercetanus*, duquel vous vſerez auec precaution
pour les femmes qui ſont ſubiectes
aux ſuffocations, ſeparant dudit *Ne-*
pentés, ce qui les pourroit eſmouuoir.

Remede tres-aſſeuré contre toute ſorte de car-
diogmes ou exceſſiue douleur d'eſtomach.

Prenez ce que les Chimiſtes ſigni-
fient par cette figure * & d'vne autre drogue auſſi ſignifiée par celle cy
& autant de l'vne que de l'autre, meſ-

lez-les enſemble, & dans vn ſublima-
toire ſeparez à feu de ſable le pur de
l'impur : ſi vous auez mis vne liure de
matiere , vous n'en retirerez que la
ſeizieſme partie, qui montera au haut
du vaiſſeau ; ce qui demeurera au
fond ne vaut rien faut le ietter.

Ce faict, prenez cette ſeizieſme
partie de matiere, meſlez-la auec ſon
eſgal poids de ſel commun calciné,&
ſublimez comme deuant, le ſel commun demeurera encore au fond , &
l'autre montera au haut du vaiſſeau,
reiterez cela par ſept fois, & vous aurez vn admirable remede contre les
exceſſiues douleurs d'eſtomach.

Sa doſe eſt de trois ou quatre grains
dans du bouïllon , que ladite drogue
rendra aigret & de tres bon gouſt.

Remede tres-aſſeuré contre les vomiſſements,
& qui les appaiſe en vn inſtant.

Prenez du ſel commun, diſſoluez-
le dans de l'eau commune , faictes
rougir des bricques au feu, & ainſi ardentes iettez-les dans cette eau ſalée,
mettez y en tant que toute l'eau ſoit
beuë,

beuë, puis faites secher lesdites bri-
ques au Soleil, ou au four fort peu
chaud, pillez-les, & mettez ceste poudre dans vne cornuë ; adaptez-y vn
grand recipiět, & distillez selon l'art,
il sortira des fumees blanches qui se
resoudront en eau, qu'on appelle esprit de sel, lequel vous rectifierez au
baing ; ayez-en bonne quantité, & le
versez sur du sel blanc calciné, le viel
est encore meilleur que le blanc : le
sel des fontaines d'Ortex en Bearn
est encore meilleur que le viel : le sel
de la fontaine de Hasle en Allema-
gne, meilleur que celuy d'Ortex ; ie le
sçay pour auoir experimenté les vns
& les autres ; bouchez vostre vaisseau,
& laissez cela en digestion quelques
iours, l'esprit s'incorporera auec le
sel calciné ; reuersez-y en d'autre, &
faites comme deuãt, reïterez ces im-
bibitions, & dessications, iusques à ce
que le sel ne vueille plus desseicher
l'eau ; ce que vous cognoistrez à sa
couleur, & à son odeur : sa couleur sera plus jaune que l'or, son odeur plus
suaue, & plus agreable sans compa-
raison que toute sorte de musc, d'am

bre, ny de ciuette: Ie le sçay autremẽt
que pour l'auoir oüy dire. Mettez ce
sel ainsi preparé dans vne cornuë,
adaptez-y son recipient, & distillez
selon l'art, l'esprit sortira en forme
d'vne fumee fort blanche qui se con-
uertira en eau, laquelle vous rectifierez au baing.

Les vertus & la dose de l'esprit de sel pre-
paré comme dessus.

Rollius descrit amplement toutes les vertus de l'esprit de sel,
c'est pourquoy ie me contente d'as-
seurer le public, d'vne asseurance tres-
certaine qu'il arreste en vn instant
toute sorte de vomissemens à toute
personne indifferemment, & à toute
maladie. Sa dose est de deux ou trois
gouttes seulement, dans du syrop,
dans vn boüillon, dans du vin, ou dans
quelque eau que ce soit.

Si on veut encore rendre ce remede plus salubre pour le corps humain,
faut luy donner des fueilles d'or, & il
les reduira en eau aussi facilement
que la neige se fond en l'eau chaude:

voire mefme fi c'eft du fel de Hafle
qu'on ait ainfi preparé, il feparera la
teinture de l'or fans débris du corps;
ie le fçay pour l'auoir fait, non vne
fois, mais plufieurs.

Ie pourrois en ceft Opufcule mon-
ftrer diuers moyens de preparer l'or
pour la fanté de l'homme, mais i'en
rapporteray feulement quatre: l'vn,
pour le rendre purgatif, deux pour le
rendre fudorific, vn autre pour le
rendre corroboratif; fur le modelle
defquels les experts en la Spagirie
en pourront autant faire de l'argent.

Ce n'eft pas d'auiourd'huy que les
Medecins fe font feruis de l'or & de
l'argent parmy leurs compofitions,
ains de tout temps; mais les Anciens
le dõnoient en fueilles, ou le faifoient
boüillir dans des reftaurents, pour ne
fçauoir de meilleures preparations, le
temps eft le pere de la fcience, & *Non
omnia poffumus omnes:* mais depuis eux
les efprits efpurez, & qui furpaffent le
commun, ont trouué pour la fanté
humaine des preparations plus fubti-
les, que nous fçauons graces à Dieu
auffi bien faire que les efcrire, & n'en

voulons pas priuer noſtre patrie, puis
qu'elles ſont neceſſaires, principalement en temps de peſte.

Purgatif d'or.

Prenez de l'or commun bien puri-
fié par l'antimoine, ſelon l'art des Or-
pheures le poids d'vn eſcu, ou plus, ſelon qu'il vous plaira, diſſoluez-le dans
l'eſprit de ſel preparé comme deſſus:
diſtillez ceſte diſſolution, & donnez
vn fort feu ſur la fin, l'or demeurera en
poudre au fond de l'alembic ; broyez
ceſte poudre auec trois fois ſon peſant de ſel calciné, mettez le tout
dans vn creuſet à feu nud trois ou
quatre heures, en façon toutesfois
que la matiere ne ſe fonde par trop
grand feu, car ce ſeroit gaſter tout ſi
cela arriuoit. Ces quatre heures paſ-
ſees, broyez derechef la matiere ſur
vn marbre, & la rendez tout autant
ſubtile que faire ſe pourra ; puis mettez-la dans vn alambic, ou quelque
autre vaiſſeau, & verſez deſſus de
l'eau tiede qui ſurnage la matiere de
quatre doigts, remuant touſiours

auec vne eſpatule de bois ; par ce
moyen le ſel ſe diſſoudra, & la chaux
d'or tombera au fond du vaiſſeau en
poudre impalpable, laquelle il faudra
tres-bien lauer iuſque'à ce qu'il ne luy
reſte aucune acritude , ou ſalſitude;
alors faut la ſecher , puis la ioindre
auec ſon peſant de mercure, ſept fois
ſublimé & reuiuifié autant de fois
par la limaille de fer, ou bien à la façon commune: c'eſt à dire auec le tartre crud & la chaux viue : Lauez bien
ce mercure apres ſa derniere reuiuifi-
cation paſſez-le par le cuir, puis amal-
gamez-le auec l'or; faites cuire le tout
à bonne chaleur de cendres, iuſquesà
ce que voſtre matiere ait atteint la
vraye couleur d'or, alors vous aurez
vn excellét & fort doux purgatif d'or:
mais il le ſera encore dauátage ſi vous
le reüniſſez auec nouueau mercure
cóme deuant: ce que i'ay reïteré iuſqu'à trois fois ſeulement, mais ceſt or
purgatif ſe peut multiplier iuſqu'à
l'infiny, & tant plus de fois il ſera mul-
tiplié, tant plus auſſi ſera-il purgatif;
c'eſt pourquoy il faudra augmenter la
doſe ſelon ſes forces, & celles de celuy
qui en vſera.   d iij

Sudorific d'or.

PRenez ce qu'il vous plaira de tres-
pur or, dissoluez-le dans l'eau rega-
le, versez dessus de l'huile de tartre
peu à peu, *quod notandum*, & vous verrez
que l'or tombera au fond, se separant
de ladite eau dissoluante, qui de iaune
qu'elle estoit deuiendra blanche, c'est
signe que tout l'or s'est separé d'elle,
& qu'il a esté repercuté au fond du
vaisseau, versez alors ceste eau, & la
iettés côme inutile; mais sur la poudre
il faut mettre de l'eau commune par
quatre ou cinq fois, iusques à ce qu'il
ne demeure aucune acritude en icelle. Ce fait sechez ceste poudre à tres-
lentissime chaleur (*quod vt quamquid*
maximè notandum) car autrement si la
chaleur est tant soit peu grande, c'est
or ainsi puluerisé s'enflãmeroit comme la poudre à canon, & esclatteroit
comme vn coup de tonnerre, de sorte
que vous perdriez vostre peine, & vostre or, & peut estre la vie, selon que
vous seriez pres de l'esclat, & selon la
quantité d'or qu'auriez fait dissou-

dre: mais faisant secher voftre poudre à lentiffime chaleur, vous eftes
hors de tous ces dangers.

Ses vertus & fa dose.

Trois ou quatre grains de c'eft or
ainfi preparé excitent puiffamment
les fueurs, augmentent à merueilles la
chaleur naturelle du corps humain,
fortifient les efprits naturels, vitaux,
& animaux, parce que *Aurum* (dit
Crollius) *eft omnis natura quod in eo fit
omnium elementorum adæquatio, & vt cum
Sole cælefti fingularem habet concordantiam,
fic etiam cum corde humano, fua forma inter-
na magnam pofsidet affinitatem, & harmo-
niam. In Sole cælefti omnes naturæ vires quafi in receptaculo, & fonte perenni reconditæ
latent, in corde omnes hominis vires, quafi
concentratæ latent, in auro eft receptaculum
omnium elementarium, & cæleftium virium,
quæ poftquam in mundum elementarem dela-
pfæ funt, fimul in hoc vnicum metallum con-
centrando, fe confluxerunt, & fic finaliter in
illo colligatæ aceruantur, & concluduntur.*
C'eft pourquoy l'or eftant par art
fpiritualifé, il agit miraculeufement

au corps humain. Or est-il que de pesant & corporel qu'il est de sa nature,
on le peut rendre leger & spirituel
par diuers moyens, qui nous sont aussi
faciles à faire que de les escrire.

Autre Sudorific d'or.

DIssoluez de l'or dans l'esprit de
sel comme dessus, distillez la
dissolution iusqu'à siccité : sur vne
dragme de laquelle versez de la gõ-
me Saturnienne deux onces : de l'esprit de nitre autant que de gomme,
laissez-les digerer par trois iours, puis
distillez iusqu'à siccité : redissoluez
ceste poudre seche cõme deuant, di-
gerez & distillez cõme dessus, dõnant
grand feu sur la fin, & vous aurez vne
poudre fort acre ; lauez-la auec eau
commune, iusques à ce qu'il n'y demeure aucune acritude, alors vous
aurez vn admirable sudorific, propre
à toutes les maladies où il faut prouoquer les sueurs.

Sa dose est dix grains, mais tant
plus la poudre se vieillit, sa vertu auec
le temps se diminuë; c'est pourquoy il
faudra augmenter la dose.

Teinture d'or.

AMalgamez l'or auec le mercure vulgaire, puis separez le mercure superflu en le faisant passer par le cuir : ce fait broyez ceste amalgame auec le sel calciné, faites rougir vos matieres à feu de rouë, en telle sorte neantmoins que rien ne se fonde; puis puluerisez le tout sur le marbre en poudre tres-subtile, retirez le sel par frequentes ablutions d'eau commune, la chaux de l'or vous demeurera jaune au fond du vaisseau ; faites-la bien secher, & alors versez sur icelle de l'esprit de manne, qui en tirera vne teinture orangee tirant sur le rouge; separez par distillation l'esprit de manne d'auec ceste teinture qui demeurera au fond de l'alambic en forme d'extraict, sur lequel versez de l'esprit de vin bien rectifié, ou de l'essence de genieure ; laissez-les digerer par cinq ou six iours, & ledit esprit de vin ou essence de genieure, viendrôt plus rouge que sang, laquelle rougeur est la teinture de l'or, laquelle si vous

voulez vous pourrez encore separer
de l'esprit du vin, ou essence de genieure par distillation.

La doze & les vertus de ceste teinture.

La dose est de cinq à six iusques à
huict gouttes; c'est vn admirable corroboratif & preseruatif pour toutes
personnes, mais particulierement
pour les vieillards.

Corroboratif d'or.

PRenez de la magnesie des Sages ce
qu'il vous plaira, versez dessus son
poids esgal de leur eau hyleale; separez le phlegme superflu, reuersez encore de l'eau susdite, & separez le
phlegme comme deuant, reïtrez ces
operations iusques à ce qu'il n'en sorte plus; puis apres sigillez hermeti-
quement le vaisseau, & le mettez en
coction à lentissime chaleur, comme
pour faire esclore poussins, & l'y laissez iusques à ce que ces deux matieres
se soient peu à peu despouïllees de
leurs excrements par la separation

du subtil de l'espois, & en fin homo-
genement coniointes :

Mais qui est le Docteur si subtil & si sage
Qui prouuast par exemple, & monstrast par
   vsage,
Qu'on puisse vnir deux corps de centres si di-
   uers,
Que l'vn aspire au Ciel, l'autre tĕde aux enfers?
Cela est impossible à la crasse ignorance,
Mais possible à l'esprit empoullé de science
  Qui des deux en fait vn, auquel sont limitez
D'vn poids esgal en poids toutes les qualitez.
    Malheureuse Atropos, Alectö, & Megere,
Qui m'auez, ô douleur ! si tost rauy le pere
Qui me l'a enseigné ; ha ! que dans les Enfers
Ne vous puis-je briser tout le corps de gros fers?
Que ne puis-je sanglant, & bouffant de furie
Vous arracher les yeux, & le cœur & la vie.
Mais, las ! tous mes sanglots, escrits ne peu-
   uent pas
Sa vie retirer du funeste trespas.

Poursuiuez donc ce que vous aurez si
heureusement commencé :
   Dimidium facti qui bene cœpit habet.
Et pour ce faire prenez de la terre
vierge vne partie , dissoluez-la dans

trois fois son pesant d'eau tiree des
rayons du Soleil & de la Lune, par vn
admirable artifice cogneu seulement
à fort peu d'hommes: mettez ces pu-
res matieres en decoction comme deuant, & cependant escoutez le chant
du Poete qui a fort approché de ce
mystere:

Gentille Salmacis que tu es glorieuse
De iouyr maintenant de ta flame amoureuse,
Baignant ton corps si noble, & tes membres
*   si beaux,*
Dans le flot crystalin de tes larmeuses eaux.
*   Et toy Adolescent, ha! que ton infortune*
Te vient bien à propos, qu'elle t'est oportune,
Car en perdant le cours de tes flots irritez.
Tu te rends en mourant esgal aux Deïtez.

Ce que dessus acheué, prenez cette
matiere ainsi preparee, à laquelle
ioindrez la dixiesme partie d'or, sigillez & cuisez le tout iusques à rougeur, alors vous aurez vne medecine
qui est LE TRESPAS DE LA PESTE:
ie ne peux que cela, ie ne sçay que cela, mais auec cela ie triomphe de l'enuie, & de ses auortons,

Et mes puissans lauriers d'auguste sommité
Brauent la mesdisance, & son iniquité.
Car

     ---- etiamsi totus corruat orbis
Impauidum ferient ruinæ.

Or en memoire de ce venerable
vieillard, qui par ses diuins escrits m'a
fait entrer dans le vray chemin qui
conduit à la cognoissance de ce remede, plus diuin qu'humain, & qui a
par apres confirmé de viue voix mes
conceptions; puis pour le comble de
ma felicité, qui m'a fait voir ce qu'à
peine peut on croire sans estre veu, ie
couronneray cest Oeuure du laurier
de ses vers, esgalement pleins de doctrine & de verité,

Qu'on ne m'accuse pas d'auoir escrit cecy
Pour rendre de cest art le secret obscurcy,
De corps, d'ame, & d'esprit, tout l'œuure se
    compose,
Et ces trois s'vnissans font vne seule chose
Comme autres trois font l'homme, vnissans
    leurs accords.
    La matiere imparfaite est prise pour le
    corps,

Le ferment en est l'ame, & l'eau qui les af-
     semble
Est l'esprit vnissãt l'ame & le corps ensemble,
Le corps stupide & lourd, est de soy vil &
     mort,
L'ame le ressuscite, & le rend vif & fort,
Puis l'esprit qui le purge, à la fin le rend digne
D'vne extréme blancheur, & de rougeur insi-
     gne.
     Le corps, l'ame, & l'esprit qui en nombre
          sont trois,
En leur genre cõmun, ne sont qu'vn toutefois,
Car Sol, Lune, & Mercure, en leur substance
     entiere,
Sont differẽs de forme & non pas de matiere.

FIN.

Ny pour complaire,
Ny pour desplaire,   }   Pugnaui pro patria.
Mais pour la verité.   }